# HISTORIA VON

# D. JOHANN FAUSTEN

## DEM WEITBESCHREYTEN ZAUBERER UND SCHWARZKÜNSTLER

Wie er sich gegen dem Teufel auf eine
benannte Zeit verschrieben / Was er hier-
zwischen für seltzame Abenteuer gesehen/
selbs angerichtet und getrieben / bis er
endlich seinen wohl verdienten Lohn
empfangen. Mehrerteils aus seinen eigenen
hinterlassenen Schriften / allen hochtragen-
den, fürwitzigen und gottlosen Menschen
zum schrecklichen Beispiel / abscheulichen
Exempel und treuherziger Warnung zu-
sammengezogen und in de

MIT EINEM NACHWORT HERAUSGEGEBEN
VON RICHARD BENZ

PHILIPP RECLAM JUN. STUTTGART

Universal-Bibliothek Nr. 1515 [2]
Alle Rechte vorbehalten. © Philipp Reclam jun. Stuttgart 1964
Gesetzt in Borgis Garamond-Antiqua. Printed in Germany 1979
Satz: C. W. Niemeyer, Hameln/Weser. Druck: Reclam Stuttgart
ISBN 3-15-001515-4

*Den ehrenhaften / Wohlachtbaren und Fürnehmen Caspar Kolln / Churfürstlichem Maynzischen Amtschreibern / und Hieronymo Hoff / Rentmeistern in der Grafschaft Königstein / meinen insonders günstigen lieben Herrn und Freunden.*

Gottes Gnad / meinen Gruß und Dienst zuvor / Ehrenhafte / Wohlachtbare / günstige liebe Herren und Freunde / Nachdem nun viel Jahr her ein gemeine und große Sag in Teutschland von Doctor Fausti / des weitbeschreyten Zauberers und Schwarzkünstlers, mancherlei Abenteuren gewesen / und allenhalben ein große Nachfrage nach gedachtes Fausti Historia bei den Gastungen und Gesellschaften geschicht. / Desgleichen auch hin und wider bei etlichen neuen Geschichtschreibern dieses Zauberers und seiner teuffelischen Künste und erschrecklichen Endes gedacht wird / hab ich mich selbst auch zum oftermal verwundert / daß so gar niemand diese schreckliche Geschicht ordentlich verfassete / und der ganzen Christenheit zur Warnung / durch den Druck mitteilete / hab auch nicht unterlassen bei Gelehrten und verständigen Leuten nachzufragen / ob vielleicht diese Histori schon allbereit von jemand beschrieben wäre / aber nie nichts gewisses erfahren können / bis sie mir neulich durch einen guten Freund von Speyer mitgeteilt und zugeschickt worden / mit Begehren, daß ich dieselbige als ein schrecklich Exempel des teuffelischen Betrugs / Leibs und Seelen-Mords / allen Christen zur Warnung / durch den öffentlichen Druck publicieren und fürstellen wollte. Dieweil es dann ein merklich und schrecklich Exempel ist / darin man nicht allein des Teuffels Neid / Betrug und Grausamkeit gegen dem menschlichen Geschlecht / sehen /

sondern auch augenscheinlich spüren kann / wohin
die Sicherheit / Vermessenheit und Fürwitz letztlich
einen Menschen treibe / und eine gewisse Ursach sei
des Abfalls von Gott / der Gemeinschaft mit den
bösen Geistern und Verderbens zu Leib und Seel
/ hab auch die Arbeit und Kosten so viel desto lieber
daran gewendet / und verhoff hiemit allen denen /
so sich wöllen warnen lassen / einen wohlgefälligen
Dienst zu erzeigen.

Diese Histori aber / Ehrnhafte / wohlachtbare /
günstige liebe Herrn und Freunde / hab ich E. E.
und A. dedicieren und zuschreiben wöllen / nicht der
Meinung / als sollt dieselbige dieser Warnung für
andern bedürfen / denn mir / Gott lob / E. E. und
A. sonderlicher Ernst und Eifer zu Gott / der
wahren Religion / Christlicher Bekenntnuß und Gehorsam aus täglicher Beiwohnung und Erfahrung
gnugsam bekannt / Sondern zu einem öffentlichen
Zeugnuß der sonderlichen Lieb und Freundschaft /
die sich zwischen uns / zum Teil in der Schul zu
Ursel / zum Teil aus vieler Beiwohnung und Gemeinschaft angefangen / und noch auf den heutigen
Tag erhalten / auch ob Gott will / die übrige Zeit
unsers Lebens hie auf Erden und in dem ewigen
Vaterland währen und bestehen soll. Wie ich denn für
meine Person darzu ganz geneigt bin / auch E. E.
und A. also gesinnet weiß / daß sie an allem dem /
was zu Erhaltung dieser unser wohlhergebrachten
Freundschaft dienen mag / nichts werden erwinden
lassen. Ich erkenne mich zwar schuldig / E. E. und
A. in anderm und mehrerm und mit allem dem /
was ich vermag / zu willfahren und zu dienen /
Weil ichs aber auf diesmal besser nicht hab / auch
E. E. und A. durch Gottes Segen an zeitlicher Nahrung
und leiblichen Gütern dermaßen geschaffen und be-
gabet weiß / daß sie meiner hierin nit bedürfen /
hab ich dannoch E. E. und A. aus meiner Truckerey mit

diesem geringen Büchlein verehren wollen / Sonderlich dieweil mir aus vorigen Gesprächen bewußt / daß E. E. und A. auch vor längest dieser Historien fleißig nachgefragt / Bitt derhalben / dieselbigen wollen mit diesem geringen Meßkram auf diesmal von mir für gut nehmen / und mein günstige Herrn und Freund sein und bleiben. Tue E. E. und A. samt derselbigen ganzen Haushaltung in den gnädigen Schutz und Schirm des Allmächtigen befehlen / Datum Franckfurt am Mayn / Montags den 4. Sept. Anno M.D.LXXXVII.

*E. E. und A. Dienstwilliger*
*Johann Spies /*
*Buchdrucker daselbst*

## HISTORIA

*von D. Johann Fausten / des weitbeschreiten
Zauberers / Geburt und Studijs.*

Doctor Faustus ist eines Bauren Sohn gewest, zu Rod
bei Weimar bürtig, der zu Wittenberg eine große
Freundschaft gehabt, desgleichen seine Eltern gottselige
und christliche Leut, ja sein Vetter, der zu Wittenberg
seßhaft, ein Bürger und wohl vermögens gewest;
welcher D. Fausten auferzogen und gehalten wie sein
Kind. Dann dieweil er ohne Erben war, nahm er
diesen Faustum zu einem Kind und Erben auf, ließ
ihn auch in die Schul gehen, Theologiam zu studieren;
er aber ist von diesem gottseligen Fürnehmen ab-
getreten und hat Gottes Wort mißbraucht. Derhalben
wir aber solche Eltern und Freund, die gern alles Guts
und das Best gesehen hätten (wie solches alle frommen
Eltern gern sehen), ohne Tadel sein lassen, und sie in
die Historiam nicht mischen sollen: so haben auch
seine Eltern dieses gottlosen Kindes Greuel nicht erlebt
noch gesehen. Denn einmal ist gewiß, daß diese Eltern
des Fausti (wie männiglich in Wittenberg bewußt) sich
ganz herzlich erfreuet haben, daß ihr Vetter ihn als
sein Kind aufnahme. Und als darnach die Eltern sein
trefflich ingenium und memoriam an ihm verspürten,
ist gewißlich erfolget, daß diese Eltern große Fürsorg
für ihn getragen haben, gleich wie Hiob am 1. Capitel
für seine Kinder gesorget hat, damit sie sich am HERRN
nicht versündigten. Es folgt darneben gar oft, daß
fromme Eltern gottlose, ungeratene Kinder haben,
wie am Cain, Genesis 4, an Ruben, Genesis 49, am
Absalon, 2. Könige 15 und 18 zu sehen ist. Das ich
darum erzähle, dieweil ihrer viel gewest, so diesen
Eltern viel Schuld und Unglimpf fürwerfen und

6

sprechen, sie hätten ihm allen Mutwillen in der Jugend zugelassen und ihn nicht fleißig zum Studieren gehalten; item, da sie seinen geschwinden Kopf gesehen haben, und er zu der Theologia nicht viel Lust gehabt, und darzu bekannt, auch öffentlich ein Ruf und Sag gewest, er gehe mit der Zauberei um, ihn bei Zeiten sollten gewarnet und davon abgemahnet haben: solches alles aber sein somnia, dieweil an ihnen keine Schuld ist.

Als D. Faust eines ganz gelernigen und geschwinden Kopfs zum Studieren qualifiziert und geneigt war, ist er hernach in seinem Examine vor den Rectoribus so weit kommen, daß man ihn in dem Magistrat examiniert, und neben ihm auch 16 Magistros, denen ist er im Gehöre, Fragen und Geschicklichkeit obgelegen und gesieget, also daß er seinen Teil genugsam studieret hat, war also Doctor Theologiae. Daneben hat er auch einen thummen, unsinnigen und hoffärtigen Kopf gehabt, wie man ihn denn alle Zeit den Speculierer genennet hat, ist zur bösen Gesellschaft geraten, hat die H. Schrift ein Weil hinter die Thür und unter die Bank gelegt, ruch- und gottlos gelebt, wie denn diese Historia hernach genugsam bezeuget. Aber es ist ein wahr Sprichwort: Was zum Teufel will, das läßt sich nicht aufhalten, noch ihm wehren. Zudem fand D. Faustus seinesgleichen, die gingen um mit Chaldäischen, Persischen, Arabischen und Griechischen Worten, figuris, characteribus, conjurationibus, incantationibus, und wie solche Namen der Beschwörung und Zauberei mögen genennet werden. Das gefiel D. Fausto wohl, speculiert und studiert Tag und Nacht darinnen, wollt sich hernach keinen Theologum mehr nennen lassen, ward ein Weltmensch, nannte sich einen D. Medicinae, ward ein Astrologus und Mathematicus und zum Glimpf ein Arzt. Half auch erstlich vielen Leuten mit der Arznei, mit Kräutern, Wurzeln, Wassern, Tränken, Recepten und Clistieren. Darneben war er redsprechig, in der göttlichen Schrift wohlerfahren. Er wußte die Regel Christi gar wohl: Wer den Willen des HERRN weiß und thut ihn nicht, der wird zwiefach geschlagen. Item, niemand kann zweien Herren dienen. Item, du sollst Gott den HERRN nicht versuchen. Dies alles schlug er in den Wind, setzte seine Seel ein Weil über die Überthür, darum bei ihm keine Entschuldigung sein soll.

### Doctor Faustus ein Arzt / und wie er den Teufel beschworen hat.

Wie obgemeldet worden, stunde D. Fausti Sinn dahin, das zu lieben, was nicht zu lieben war, dem trachtet er Tag und Nacht nach, nahm an sich Adlers Flügel, wollte alle Gründ am Himmel und Erden erforschen. Dann sein Fürwitz, Freiheit und Leichtfertigkeit stach und reizte ihn also, daß er auf eine Zeit etliché zauberische vocabula, figuras, characteres und conjurationes, damit er den Teufel vor sich möchte fordern, ins Werk zu setzen und zu probieren ihm vornahm. Kam also zu einem dicken Wald, wie etliche auch sonst melden, der bei Wittenberg gelegen ist, der Spesser Wald genannt, wie denn D. Faustus selbst hernach bekannt hat. In diesem Wald gegen Abend in einem Kreuzweg machte er mit einem Stab etliche Cirkel herum, beschwur also den Teufel in der Nacht zwischen 9 und 10 Uhrn. Da wird gewißlich der Teufel in die Faust gelacht haben und den Faustum den Hintern haben sehen lassen, und gedacht: Wohlan, ich will dir dein Herz und Mut erkühlen, dich an das Affenbänklein setzen, damit mir nicht allein dein Leib, sondern auch dein Seel zu Teil werde, und wirst mir eben der rechte sein; wie auch geschah, und der Teufel den Faustum wunderbarlich äfft und zum Narren hielt. Denn als D. Faustus ihn beschwur, da ließ der Teufel sich an, als wenn er nicht gern an das Ziel und an den Reihen käme. Wie dann der Teufel im Wald einen solchen Tumult anhub, als wollte alles zu Grund gehen, und einen Wind dahergehen ließ, daß sich die Bäume bis zur Erden bogen. Darnach ließ der Teufel sich an, als wenn der ganze Wald voller Teufel wär, die ritten um des D. Fausti Cirkel her. Dann war es, als rennten lauter Wagen mit Rossen vorüber; darnach ging eine feurige Kugel dem Cirkel zu und zersprang mit einem Knall als ein Büchsenschuß, darauf ein große Helle erschien; und sind im Wald viel löblicher Instrument, Music und Gesäng gehört worden, auch etliche Tänze; darauf etliche Turnier mit Spießen und Schwertern; daß also D. Fausto die Weil also lang gewest, daß er vermeinet, aus dem Cirkel zu laufen. Letztlich faßt er wieder ein gottlos und verwegen Fürnehmen, und beruhet oder stunde in seiner vorigen condition, Gott geb, was daraus möchte folgen; hub gleich wie zuvor an, den Teufel wieder zu beschwören. Darauf der Teufel ihm ein solch Geplärr vor die Augen machte, wie folget: Er ließ sich sehen als wann ob dem Cirkel ein Greif oder Drach schwebte und flatterte; wann dann D. Faustus seine Beschwörung brauchte, da kirrete das Tier jämmerlich. Bald darauf fiel drei oder vier Klafter hoch ein feuriger Stern herab, verwandelte sich zu einer feurigen Kugel, deß dann D. Faust auch gar hoch erschrake. Jedoch beliebte ihm sein Fürnehmen, und achtet es ihm hoch, daß ihm der Teufel unterthänig sollte sein; wie er sich denn selbsten hernach berühmet, es sei ihm das höchste Haupt auf Erden unterthänig und gehorsam. Beschwur also diesen Stern zum ersten, andern, und dritten Mal. Darauf ging ein Feuerstrom eines Manns hoch auf, ließ sich wieder herunter, und wurden sechs Lichtlein darauf gesehen; einmal sprang ein Lichtlein in die Höhe, dann das ander hernieder, bis sich änderte und formierte die Gestalt eines feurigen Mannes, dieser ging um den Cirkel herum eine viertel Stund lang. Bald darauf änderte sich der Teufel und Geist in Gestalt eines grauen Münchs, kam mit Fausto zur Sprache, fragte, was er begehrte. Darauf war D. Fausti Begehr, daß er morgen um 12 Uhrn ihm erscheinen sollt in seiner Behausung; deß sich der Teufel ein Weil weigerte. D. Faustus beschwur ihn aber bei seinem Herrn, daß er ihm sein Begehren sollte erfüllen, und ins Werk setzen. Welches ihm der Geist zuletzt zusagte und bewilligte.

### Folget die Disputation D. Fausti mit dem Geist.

Doctor Faustus, nachdem er Morgens nach Haus kam, beschied er den Geist in seine Kammer; als er dann auch erschien, anzuhören, was D. Fausti Begehren wäre. Und ist sich zu verwundern, daß ein Geist, wo Gott die Hand abzeucht, ein solch Geplärr kann machen. Aber, wie das Sprichwort lautet: solche Gesellen müssen doch den Teufel endlich sehen, hie oder dort. D. Faustus hub sein Gaukelspiel wiederum an, beschwur ihn von neuem und leget dem Geist etliche Articel für: Erstlich, daß er ihm sollt unterthänig und gehorsam sein, in allem, was er bäte, fragte, oder zumute, bis in sein, Fausti, Leben und Tod hinein; daneben sollt er ihm dasjenig, so er von ihm forschen würd, nicht verhalten. Auch, daß er ihm auf alle Interrogatorien nichts unwahrhaftigs respondiern wölle.

Darauf ihm der Geist solches abschlug, weigerte sich dessen und gab seine Ursachen für: er hätte keine vollkommenliche Gewalt, sofern ers nicht von seinem Herrn, der über ihn herrschte, erlangen könnte, und sprach: „Lieber Fauste, dein Begehren zu erfüllen, stehet nicht in meiner Kur und Gewalt, sondern bei dem höllischen Gott." Antwort D. Faustus darauf: „Wie soll ich das verstehn, bist du nicht mächtig genug dieses Gewaltes?" Der Geist antwortet: „Nein." Spricht Faustus wieder zu ihm: „Lieber, sage mir die Ursach." „Du sollst wissen" sprach der Geist „daß unter uns gleich sowohl ein Regiment und Herrschaft ist wie auf Erden, denn wir haben unsre Regierer und Regenten und Diener, wie auch ich einer bin, und unser Reich nennen wir die Legion. Denn obwohl der verstoßen Lucifer aus Hoffart und Übermut sich selbst zu Fall gebracht, so hat er doch eine Legion und Regiment aufgericht und wir nennen ihn den orientalischen Fürsten, denn seine Herrschaft hatte er im Aufgang; also ist auch eine Herrschaft in Meridie, Septentrione und Occidente. Und dieweil nun Lucifer, der gefallen Engel, seine Herrschaft und Fürstentum auch unter dem Himmel hat, müssen wir uns verwandeln, uns zu den Menschen begeben, und denselben unterthänig sein. Denn sonst könnte der Mensch mit allem seinem Gewalt und Künsten sich den Lucifer nicht unterthänig machen, es sei denn, daß er einen Geist sende, wie ich an gesandt bin. Zwar wir haben dem Menschen das rechte Fundament unserer Wohnung nie offenbaret, wie auch unsre Regierung und Herrschaft, denn allein nach Absterben des verdammten Menschen, der es erfährt und innen wird."

D. Faustus entsetzt sich darob, und sprach: „Ich will darum nicht verdammt sein, um deinetwillen." Antwort der Geist: „Willst du nit, so hat's doch kein Bitt / Hat's denn kein Bitt, so mußt du mit, / Hält man dich, so weißt du es nit, / Dennoch mußt du mit, da hilft kein Bitt, / Dein verzweifelt Herz hat dirs verscherzt."

Darauf sagt D. Faustus: „Hab dir Sanct Veltins Grieß und Crisam, heb dich von dannen." Da nun der Geist entweichen wollt, ward D. Faustus von Stund an eines andern zweifelhaftigen Gemütes, und beschwur ihn, daß er ihm auf Vesperzeit wiederum sollte erscheinen, und anhören, was er ihm weiter würde fürtragen. Das ihm der Geist auch bewilligte und also vor ihm verschwande.

Es ist hier zu sehen des gottlosen Fausti Herz und Opinion, da der Teufel ihm, wie man sagt, den armen Judas sang, wie er in der Höll sein müßte, und doch auf seiner Halsstarrigkeit beharrte.

### Die andere Disputation Fausti mit dem Geist so Mephostophiles genennet wird.

Abends oder um Vesperzeit, zwischen drei und vier Uhren, erschien der fliegende Geist dem Fausto wieder, und erbot sich ihm in allem unterthänig und gehorsam zu sein, dieweil ihm von seinem Obersten Gewalt gegeben war, und sagte zu Fausto: „Die Antwort bring ich dir, und Antwort mußt du mir geben. Doch will ich zuvor hören, was dein Begehr sei, dieweil du mir auferlegt hast, auf diese Zeit zu erscheinen." Dem gab D. Faustus Antwort, jedoch zweifelhaftig und seiner Seelen schädlich, denn sein Sinn stunde anders nicht, denn daß er kein Mensch mehr möchte sein, sondern ein leibhaftiger Teufel, oder ein Glied darvon, und begehrt vom Geist wie folgt:

Erstlich, daß er auch die Geschicklichkeit, Form und Gestalt eines Geists möchte an sich haben und bekommen.

Zum andern, daß der Geist alles das thun sollte, was er begehrt und von ihm haben wollt.

Zum dritten, daß er ihm geflissen, unterthänig und gehorsam sein sollte als ein Diener.

Zum vierten, daß er sich allezeit, so oft er ihn forderte und berufte, in seinem Haus sollte finden lassen.

Zum fünften, daß er in seinem Hause unsichtbar

wölle regieren und sich sonsten von niemand als von ihm wölle sehen lassen, es wäre denn sein Wille und Geheiß.

Und letztlich, daß er ihm, so oft er ihn forderte und in der Gestalt, wie er ihm auferlegen würde, erscheinen sollt.

Auf diese sechs Puncten antwort der Geist dem Fausto, daß er ihm in allem wollt willfahren und gehorsamen, sofern er ihm dagegen auch etliche fürgehaltene Articel wölle leisten, und wo er solches thue, sollt es weiter keine Not haben. Und seind dies darunter des Geists etliche Articel gewesen: Erstlich, daß er, Faustus, verspreche und schwöre, daß er sein, des Geistes, eigen sein wolle.

Zum andern, daß er solches zu mehrerer Bekräftigung mit seinem eigenen Blut wölle bezeugen, und sich darmit also gegen ihm verschreiben.

Zum dritten, daß er allen christgläubigen Menschen wölle Feind sein.

Zum vierten, daß er den christlichen Glauben wölle verleugnen.

Zum fünften, daß er sich nicht wölle verführen lassen, so ihn etliche wöllen bekehren.

Hingegen wölle der Geist ihm, Fausto, etliche Jahr zum Ziel setzen; wann solche verloffen, sollte er von ihm geholt werden. So er solche Puncte halten würde, sollte er alles das haben, was sein Herz gelüste und begehre; und sollte er alsbald spüren, daß er eines Geistes Gestalt und Weise haben würde.

D. Faustus war in seinem Stolz und Hochmut so verwegen, ob er sich gleich ein wenig besunne, daß er doch seiner Seelen Seligkeit nicht bedenken wollte, sondern dem bösen Geist solches darschluge und alle Articel zu halten verhieße. Er meinet, der Teufel wär nit so schwarz als man ihn malet, noch die Höll so heiß wie man davon sagte.

## Das dritte Colloquium D. Fausti mit dem Geist von seiner Promission.

Nachdem D. Faustus diese Promission gethan, forderte er des andern Tages zu Morgen frühe den Geist. Dem legte er auf, daß er, so oft er ihn forderte, ihm in Gestalt und Kleidung eines Franciscanermünchs mit einem Glöcklein erscheinen sollte, und zuvor etliche Zeichen geben, damit er am Geläut könnte wissen, wann er daher komme. Fragte den Geist darauf, wie sein Name und wie er genennet werde. Antwortet der Geist, er hieß Mephostophiles.

Eben in dieser Stund fällt dieser gottlos Mann von seinem Gott und Schöpfer ab, der ihn erschaffen hat, ja er wird ein Glied des leidigen Teufels. Und ist dieser Abfall nichts anderes denn sein stolzer Hochmut, Verzweifelung, Verwegung und Vermessenheit; wie auch die Riesen thaten, darvon die Poeten dichten, daß sie die Berg zusammen tragen und wider Gott kriegen wollten; ja wie der böse Engel, der sich wider Gott setzte, darum er wegen seiner Hoffart und Übermut von Gott verstoßen wurde. Also, wer hoch steigen will, der fället auch hoch herab.

Nach diesem richtet D. Faustus aus seiner großen Verwegung und Vermessenheit dem bösen Geist sein Instrument, Recognition, briefliche Urkund und Bekenntnis auf, das war ein greulich und erschrecklich Werk, und ist solche Obligation nach seinem elenden Abschied in seiner Behausung gefunden worden. Solches will ich zur Warnung und Exempel aller frommen Christen melden, damit sie dem Teufel nicht statt geben und sich an Leib und Seel mögen verkürzen, wie dann D. Faustus bald hernach seinen armen famulum und Diener auch mit diesem höllischen Werk verführt hat. Als diese beiden Parteien sich mit einander verbunden, nahme D. Faustus ein spitzig Messer, sticht ihm eine Ader in der linken

Hand auf; und sagt man wahrhaftig, daß in solcher Hand eine gegrabne und blutige Schrift gesehen worden: „O homo fuge, id est: O Mensch fleuch vor ihm und thu recht."

*D. Faustus läßt ihm das Blut heraus in einen Tiegel / setzt es auf warme Kohlen / und schreibt / wie folgt:*

Ich, Johannes Faustus, D., bekenne mit meiner eigenen Hand öffentlich, zu einer Bestätigung und in Kraft dieses Briefs: Nachdem ich mir fürgenommen, die Elementa zu speculieren, aus den Gaben aber, so mir von oben herab beschert und gnädig mitgeteilt worden, solche Geschicklichkeit in meinem Kopf nicht befinde, und solches von den Menschen nicht erlernen mag; so hab ich gegenwärtigem gesandten Geist, der sich Mephostophiles nennet, ein Diener des höllischen Prinzen in Orient, mich untergeben, auch denselbigen, mich solches zu berichten und zu lehren, mir erwählet, der sich auch gegen mir versprochen, in allem unterthänig und gehorsam zu sein. Dagegen aber ich hinwider gegen ihm verspreche und gelobe, daß, so 24 Jahr, von Dato dieses Briefs an, herum und vorüber gelaufen, er mit mir nach seiner Art und Weis, seines Gefallens zu schalten, walten, regieren, führen Macht haben solle, mit allem, es sei Leib, Seel, Fleisch, Blut und Gut, und das in Ewigkeit. Hierauf absage ich allen denen, so da leben, allem himmlischen Heer und allen Menschen; und das muß sein. Zur festen Urkund und mehreren Bekräftigung hab ich diesen Receß mit eigener Hand unterschrieben, und mit meinem herfür gedrückten eigenen Blut, meines Sinns, Kopfs, Gedankens und Willens verknüpft, versiegelt und bezeugt. Subscriptio Johann Faustus, der Erfahrene der Elementen und der Geistlichen Doctor.

Wider D. Fausti Verstockung ist dieser Vers und Reimen wohl zu sagen:

Wer sein Lust setzt auf Stolz und Übermut / Und darinnen sucht sein Freud und Mut, / Und alles dem Teufel nach thut, / Der macht über ihn ein eigen Rut, / Und kommt endlich um Seel, Leib und Gut. / Item: Wer allein das Zeitlich betracht, / Und auf das Ewig hat kein Acht, / Ergiebt sich dem Teufel Tag und Nacht, / Der hab auf seine Seel wohl acht. / Item: Wer sich das Feuer mutwillig läßt brinnen, / Oder will in einen Brunnen springen, / Dem geschicht recht, ob er schon nicht kann entrinnen.

*

In dem dritten Gespräch erschiene dem Fausto sein Geist und famulus ganz fröhlich, und mit diesen gestibus und Gebärden: Er ging im Haus um, wie ein feuriger Mann, daß von ihm gingen lauter Feuerstramen oder Strahlen. Darauf folgte ein Motter und Geplärr, als wann die Münch singen, und wußte doch niemand, was es für ein Gesang war. Dem D. Fausto gefiel das Gaukelspiel wohl, er wollte ihn auch noch nicht in sein Losament fordern, bis er sähe, was endlich daraus wollt werden, und was es für einen Ausgang gewinnen und haben würde. Bald darnach wurd ein Getümmel gehört von Spießen, Schwertern und andern Instrumenten, daß ihn dünkte, man wollte das Haus mit Stürmen einnehmen. Bald wiederum wurd ein Gejägt gehört von Hunden und Jägern; die Hunde trieben und hetzten einen Hirschen, bis in D. Fausti Stuben, da ward er von den Hunden niedergelegt. Darauf erschiene in D. Fausti Stuben ein Löwe und Drach, die stritten mit einander; wiewohl sich der

Löw tapfer wehrete, ward er dannoch überwunden und vom Drachen verschlungen. D. Fausti famulus sagt, daß er einem Lindwurm gleich gesehen habe, am Bauch geel, weiß und schecket, und die Flügel und Oberteil schwarz, der halbe Schwanz wie ein Schneckenhaus krumblicht, darvon die Stuben erfüllet war. Wieder wurden gesehen hineingehen ein schöner Pfau samt dem Weiblein, die zankten mit einander, und bald vertrugen sie sich wieder. Darauf sah man einen zornigen Stier hinein laufen, dem D. Fausto zu, der nicht wenig erschrak; aber wie er dem Fausto zurennet, fällt er vor ihm nieder, und verschwindt. Hierauf ward wieder gesehen ein großer alter Aff, der bot D. Fausto die Hand, sprang auf ihn, liebet ihn, und lief die Stuben wieder hinaus. Bald geschiehts, daß ein großer Nebel in der Stuben wird, daß D. Faustus vor dem Nebel nicht sehen konnte. Sobald aber der Nebel verginge, lagen vor ihm zween Säck, der ein war Gold und der ander Silber. Letztlich, da erhub sich ein lieblich Instrument von einer Orgel, dann die Positiff, dann die Harpfen, Lauten, Geigen, Posaunen, Schwegel, Krumbhörner, Zwerchpfeiffen und dergleichen (ein jeglichs mit vier Stimmen) also daß D. Faustus nicht anderst gedachte, dann er wär im Himmel; da er doch bei dem Teufel war. Solches währete eine ganze Stund, daß also D. Faustus so halsstarrig ward, daß er ihm fürnahm, es hätte ihn noch niemals gereut. Und ist hier zu sehen, wie der Teufel so ein süß Geplärr macht, damit D. Faustus von seinem Fürnehmen nicht möchte abgekehrt werden, sondern vielmehr, daß er sein Fürnehmen noch viel freudiger möchte ins Werk setzen, und ge-denken: Nun hab ich doch nie nichts böses noch abscheuliches gesehen, sondern mehr Lust und Freude. Darauf ginge Mephostophiles der Geist zu Fausto in die Stuben hinein, in Gestalt und Form eines Münchs. D. Faustus sprach zu ihm: „Du hast einen wunderbarlichen Anfang gemacht, mit deinen Gebärden und Verwandlungen, welches mir große Freud gegeben. Wo du also darin wirst verharren, sollst du dich alles Guts zu mir versehen." Antwort Mephostophiles: „O das ist nichts, ich will dir in anderm dienen, daß du kräftigere und größere Wirkungen und Weis an mir sehen wirst, auch alles, das du von mir forderst. Nur sollst du mir die Promission und Zusagung deines Verschreibens leisten." Faustus reichte ihm die Obligation dar, und sagte: „Da hast du den Brief." Mephostophiles nahme den Brief an, und wollte doch von D. Fausto haben, daß er eine Copey davon nehme. Das thät der gottlos Faustus.

### Von Dienstbarkeit des Geistes gegen D. Fausto.

Als D. Faustus solchen Greuel dem bösen Geist mit seinem eignen Blut und Handschrift geleistet, ist gewißlich zu vermuten, daß auch Gott und alles himmlische Heer von ihm gewichen. In dem hat er nun sein Thun angerichtet, nicht wie ein rechter gottseliger Hausvater, sondern wie der Teufel; denn der Teufel hat bei ihm gewohnet, wie auch nach dem Sprichwort D. Faustus den Teufel zu Gast geladen hat.

D. Faustus hatte seines frommen Vetters Behausung innen, wie er sie denn ihm auch im Testament vermacht hatte. Er hatte auch täglich einen jungen Schüler bei sich, zum famulo, einen verwegenen Lecker, Christoph Wagner genannt, dem gefiel dieses Spiel auch gar wohl; desgleichen ihn sein Herr tröstete, er wollte einen hocherfahrenen und geschickten Mann aus ihm machen. Und wie die Jugend ohnedem mehr zum Bösen denn zum Guten geneigt ist, also war diesem auch. So hatte denn D. Faustus, wie oben gesagt, niemanden in seinem Haus, als seinen famulum und seinen bösen Geist Mephostophilem, der immerdar in Gestalt eines Münchs vor ihm wandelte; den beschwur er in seinem Schreibstüblein, welches er jederzeit verschlossen hatte.

Sein Nahrung und Proviant hatte D. Faustus überflüssig. Wann er einen guten Wein wollte haben, bracht ihm der Geist solchen aus den Kellern, wo er wollte; wie er sich denn selbst einmal hören lassen, er thäte seinem Herrn, dem Churfürsten, auch dem Herzogen aus Beyern und dem Bischoffen von Saltzburg viel Leids in den Kellern. So hatte er auch täglich gekochte Speis, denn er konnte eine solche zauberische Kunst, daß, sobald er das Fenster aufthate und einen Vogel nannte, den er gern wollte, so flog er ihm zum Fenster herein. Desgleichen brachte ihm sein Geist von allen umliegenden Herrschaften, von Fürsten oder Grafen Höfen die beste gekochte Speis, alles ganz fürstlich. Er und sein Jung gingen stattlich gekleidet, welches Gewand darzu ihm sein Geist des Nachts zu Nürnberg, Augspurg oder Franckfurt einkaufen oder stehlen mußte, dieweil die Krämer des Nachts nicht pflegen im Kram zu sitzen; und mußten auch die Gerber und Schuster dasselbe leiden.

In Summa, es war alles gestohlne und entlehnte Waar, und war also eine gar ehrbare, aber gottlose Behausung und Nahrung; wie Christus der HERR durch Johannem den Teufel auch einen Dieb und Mörder nennet, der er auch ist. Noch hat ihm der Teufel versprochen, er wölle ihm wöchentlich 25 Kronen geben, thut das Jahr 1300 Kronen; das war seine Jahrsbestallung.

### D. Faustus wollte sich verheiraten.

Doctor Faustus lebt also im epicurischen Leben Tag und Nacht, glaubet nicht, daß ein Gott, Höll oder Teufel wäre, vermeinet, Leib und Seele stürbe mit einander, und stach ihn seine Aphrodisia Tag und

Nacht, daß er ihm fürnahm sich ehelich zu verheiraten und zu weiben. Fragte darauf den Geist, welcher doch ein Feind des ehelichen Stands ist, den Gott geordnet hat und eingesetzt, ob er sich verheiraten möchte. Antwortet ihm der böse Geist, was er aus ihm selbst machen wölle? item, ob er nicht an seine Zusage gedenke? und ob er dieselbe nicht halten wölle? Da er doch verheißen, Gott und allen Menschen feind zu sein. Zudem so könnt er in keinen Ehstand geraten, dieweil er nicht zween Herrn, als Gott und ihm, dem Teufel, dienen könnte „denn der Ehstand ist ein Werk des Höchsten, wir aber seind dem gar zuwider; denn was den Ehebruch und Unzucht betrifft, das kommt uns alles zu gute. Derohalben, Fauste, siehe dich für, willst du dich versprechen zu verehlichen, so sollst du gewißlich von uns zu kleinen Stücken zerrissen werden. Lieber Fauste, bedenke selbsten, was Unruh, Widerwillen, Zorn und Uneinigkeit aus dem ehlichen Stand folget." D. Faustus dachte ihm hin und wider nach; aber wie aller Gottlosen Herzen nichts Gutes ergründen können, und der Teufel dieselbigen leitet und führet, also ging es auch ihm. Endlich im Nachdenken forderte er seinen Münch wiederum, aber wie ohnedies der München und Nonnen Art ist, sich nit zu verehlichen, sondern verbieten vielmehr dasselbige, also trieb auch D. Fausti Münch ihn stätig davon ab. Darauf sagt D. Faustus zu ihme: „Ich will mich verehlichen, es folge draus gleich was es wölle." In solchem Fürhaben geht ein Sturmwind seinem Haus zu, als wollte alles zu Grund gehen, es sprangen alle Thüren auf aus den Angeln; indem wird sein Haus voller Brunst, als ob es zu lauter Aschen verbrennen wollte. D. Faustus gab das Fersengeld die Stiegen hinab, da erhaschet ihn ein Mann, der wirft ihn wieder in die Stuben hinein, daß er weder Hände noch Füße regen konnt, und um ihn ging allenthalben das Feuer auf. Er schrie seinen Geist um Hilf an, er wollte nach allem seinem Wunsch, Rat und That leben. Da erschien ihm der Teufel leibhaftig, doch so grausam und erschrecklich, daß er ihn nicht ansehen konnte, und sprach zu ihm: „Nun sag an, was Sinns bist du noch?" D. Faustus antwortet ihm kürzlich, er habe sein Versprechen nicht gehalten, wie er es gegen ihn gelobt, und habe solches so weit nicht ausgerechnet; bat um Gnade und Verzeihung. Der Satan saget ihm mit kurzen Worten: „Wohlan so beharre hinfort darauf, ich sag dirs, beharre darauf" und verschwande.

Nach diesem kam der Geist Mephostophiles zu ihm und sagte zu ihm: „Wo du hinfüro in deiner Zusagung beharren wirst, siehe, so will ich deinen Wollust anders ersättigen, daß du in deinen Tagen nichts anders wünschen wirst. Und ist dieses: so du nicht keusch kannst leben, so will ich dir alle Tag und Nacht ein Weib zu Bett führen, welcher du in dieser Stadt oder anderswo ansichtig werden, und die du nach deinem Willen zur Unkeuschheit begehren wirst, in solcher Gestalt und Form soll sie bei dir wohnen." Dem D. Fausto ging solches also wohl ein, daß sein Herz vor Freuden zitterte, und reuete ihn, was er anfänglich hatte fürnehmen wollen. Geriete auch in eine solche Brunst und Unzucht, daß er Tag und Nacht nach Gestalt der schönen Weiber trachtete; daß, so er heut mit dem einen Teufel Unzucht triebe, er morgen eine andere im Sinn hatte.

*Frag D. Fausti an seinen Geist Mephostophilem.*

Nach dem, wie oben gemeldt, D. Faustus die schändliche und greuliche Unzucht mit dem Teufel triebe, übergibt ihm sein Geist bald ein großes Buch, von allerlei Zauberei und Nigromantia, darinnen er sich auch neben seiner teuflischen Ehe erlustigte. Diese Dardanias artes hat man hernach bei seinem famulo,

21

Christoph Wagner, funden. Bald sticht ihn der Fürwitz, fordert seinen Geist Mephostophilem, mit dem wollte er ein Gespräch halten, und sagt zu dem Geist: „Mein Diener, sag an, was Geists bist du?" Ihm antwortete der Geist und sprach: „Mein Herr Fauste, ich bin ein Geist und ein fliegender Geist, unter dem Himmel regierend." „Wie ist aber dein Herr Lucifer zu Fall kommen?" Der Geist sprach: „Mein Herr, der Lucifer, ist ein schöner Engel, von Gott erschaffen, ein Geschöpf der Seligkeit gewest, und weiß von ihm, daß man solche Engel Hierarchias nennet, und ihrer waren drei: Seraphin, Cherubin, und Thronengel; die ersten, die regieren das Amt der Engel, die andern, die erhalten und regieren oder schützen die Menschen, die dritten, die wehren und steuern unserer, der Teufel, Macht, und sind also Fürstenengel und Kraftengel genennet; man nennet sie auch Engel großer Wunderwerk, Verkünder großer Ding, und Engel der Sorgfältigkeit menschlicher Wart. Also war auch Lucifer der schönen und Erzengel einer unter ihnen, und Raphael genannt, die andern zween Gabriel und Michael. Und also hast du kürzlich meinen Bericht vernommen."

*Ein Disputation von der Höll und ihrer Spelunk.*

Dem D. Fausto traumete, wie man zu sagen pflegt, von der Hölle, und fragte darauf seinen bösen Geist auch von der Substanz, Ort und Erschaffung der Höllen, wie es damit beschaffen sei. Der Geist giebt Bericht: „So bald mein Herr zu Falle kam, gleich zur selbigen Stund war ihm die Hölle bereit, die da ist ein Finsternuß, allda der Lucifer mit Ketten gebunden und also verstoßen und gefangen ist, daß er daselbst bis zum Gericht soll behalten werden. Darinnen ist nichts anderes zu finden als Nebel, Feuer, Schwefel,

Pech, und ander Gestank; so können wir Teufel auch nicht wissen, was Gestalt und Weis die Hölle erschaffen, noch wie sie von Gott gegründet und erbauet seie, denn sie hat weder Grund noch End; und ist dies mein kurzer Bericht."


### Ein ander Frag Fausti vom Regiment der Teufel und ihrem Principat.

Der Geist mußte Faustum auch berichten von der Teufel Wohnung, Regiment und Macht. Der Geist respondieret und sprach: „Mein Herr Fauste, die Höll und derselben Revier ist unser aller Wohnung und Behausung, die begreift soviel in sich als die ganze Welt. Über der Höll und über der Welt bis unter den Himmel hat es zehen Regiment und Fürstentum der Teufel. Und sind nämlich die: Lacus mortis / Stagnum ignis / Terra tenebrosa / Tartarus / Terra oblivionis / Gehenna / Herebus / Barathrum / Styx / Acheron; in dem regieren die Teufel, Phlegeton genannt. Und sind unter ihnen vier Regiment königlicher Regierung, als Lucifer in Orient, Beelzebub in Septentrione, Belial in Meridie, Astaroth in Occidente. Und diese Regierung wird bleiben bis in das Gericht Gottes. Also hast du die Erzählung von unserm Regiment."


### Frag / in was Gestalt die verstoßenen Engel gewest.

Doctor Faustus nahme ihm wiederum ein Gespräch für mit seinem Geist zu halten, er sollte ihm sagen, in was Gestalt sein Herr im Himmel gezieret gewest und darinnen gewohnet. Sein Geist bat ihn auf diesmal um drei Tag Aufschub. Am dritten Tage gab ihm der

Geist diese Antwort: „Mein Herr Lucifer, der jetzund also genennet wird wegen der Verstoßung aus dem hellen Licht des Himmels, der zuvor auch ein Engel Gottes und Cherubin war, der alle Werk und Geschöpf Gottes im Himmel gesehen hat, er war in solcher Zierd, Gestalt, Pomp, Autorität, Würde und Wohnung, daß er über alle andere Geschöpfe Gottes, über Gold und Edelgestein war, und von Gott also erleuchtet, daß er der Sonnen Glanz und Stern übertreffen thäte. Denn sobald ihn Gott erschuf, setzte er ihn auf den Berg Gottes und in ein Amt eines Fürstentums, daß er vollkommen war in allen seinen Wegen. Aber sobald er in Übermut und Hoffart stiege, und über Orient sich erheben wollte, ward er von Gott aus der Wohnung des Himmels vertilget und von seinem Sitz gestoßen in einen Feuerstein, der ewig nicht erlischt, sondern immerdar quillet. Er war gezieret mit der Kronen alles himmlischen Pompes; aber dieweil er also vermessentlich wider Gott gewesen ist, hat sich Gott auf seinen Richterstuhl gesetzet, und ihn auch gleich zur Höllen, daraus er in Ewigkeit nicht mehr entrinnen mag, verurteilt und verdammet."

D. Faustus, als er den Geist von diesen Dingen hatte gehört, speculiert er darauf mancherlei Opiniones und Gründe, ging auch darauf stillschweigend vom Geist in seine Kammer, leget sich auf sein Bett, hub an, bitterlich zu weinen und zu seufzen, und in seinem Herzen zu schreien. Betrachtete diese Erzählung des Geistes, wie der Teufel und verstoßene Engel von Gott so herrlich geziert war, und wenn er nit so hochmütig und trotzig wider Gott gewesen, ein ewiges himmlisches Wesen und Wohnung gehabt hätte, jetzund aber von Gott ewiglich verstoßen seie, und sprach: „O weh mir immer wehe, also wird es mir auch gehen, denn ich bin auch ein Geschöpf Gottes, und mein übermütig Fleisch und Blut hat mich an Leib und Seel in Verdammlichkeit gebracht, mich mit meiner Vernunft und Sinn gereizt, daß ich als ein Geschöpf Gottes von ihm gewichen bin, und mich von dem Teufel bereden lassen, daß ich mich ihm mit Leib und Seele ergeben und verkauft habe. Darum kann ich keiner Gnade mehr hoffen, sondern werde wie der Lucifer in die ewige Verdammnis und Wehe verstoßen. Ach wehe, immer wehe, was zeihe ich mich selbst? O daß ich nie wäre geboren worden!" Diese Klage führte D. Faustus. Er wollte aber keinen Glauben noch Hoffnung schöpfen, daß er durch Buße möchte zur Gnade Gottes gebracht werden. Denn wenn er gedacht hätte: nun streicht mir der Teufel jetzt eine solche Farbe an, daß ich darauf muß in Himmel sehen, nun so will ich wieder umkehren, und Gott um Gnade und Verzeihung anrufen, denn nimmer thun ist eine große Buß; hätte sich darauf zu der christlichen Gemeine in die Kirchen verfügt, wäre der heiligen Lehre gefolget, hätte dadurch also dem Teufel einen Widerstand gethan, ob er ihm schon den Leib hie hätte lassen müssen: so wäre dennoch seine Seele erhalten worden. Aber er ward in allen seinen Opinionibus und Meinungen zweifelhaftig, ungläubig und keiner Hoffnung.

### D. Faustus disputieret ferners mit seinem Geist Mephostophile von Gewalt des Teufels.

Doctor Faustus, nachdem ihm sein Unmut ein wenig verginge, fragte er seinen Geist Mephostophilem von Regierung, Gewalt, Angriff, Versuchungen und Tyranney des Teufels, und wie er solches anfänglich getrieben habe. Darauf der Geist sagte: „Diese Disputation und Frage, so ich dir erklären soll, wird dich, mein Herr Fauste, etwas zu Unmut und Nachdenken treiben, zudem sollst du solches von mir nit begehrt haben, denn es geht unsre Heimlichkeit an.

Dennoch so sollst du wissen, daß, sobald der verstoßene Engel in Fall kam, ist er Gott und allen Menschen Feind worden, und hat sich, wie noch jetzund, unterstanden, allerlei Tyranney am Menschen zu üben. Wie denn noch alle Tage augenscheinlich zu sehen, daß einer zu Tod fällt, ein andrer erhängt, ertränkt oder ersticht sich selbst, der dritte wird erstochen, verzweifelt und dergleichen. Als der erste Mensch von Gott vollkommenlich erschaffen ward, mißgönnte ihm solches der Teufel, versuchte ihn, und brachte also Adam und Evam mit allen ihren Nachkommen in Sünde und Ungnade Gottes. Dies sind, lieber Fauste, Angriff und Tyranney des Satans. Also thäte er auch mit Cain, und brachte zuwege, daß das israelitische Volk fremde Götter anbetete, denselben opferte und mit den heidnischen Weibern Unkeuschheit triebe. So haben wir auch einen Geist, der den Saul getrieben hat und in die Unsinnigkeit gebracht und gereizt, daß er sich selbst getötet. Noch ist ein Geist, Asmodeus genannt, der hat sieben Mann in Unkeuschheit getötet, desgleichen der Geist Thagon, welcher 30 000 Menschen in Unfall brachte, daß sie erschlagen und die Arche Gottes gefangen wurde. Wie auch Belial, der dem David sein Herz reizte, daß er sein Volk begunde zu zählen, darüber 60 000 Menschen sturben. So thät auch unsrer Geister einer dem König Salomon einen solchen Reiz, daß er die Abgötter anbetete. Und sind also unsrer Geister unzählig viel, die den Menschen beikommen, sie zu Sünden reizen und bringen. Also teilen wir uns noch in alle Welt aus, versuchen allerlei List und Schalkheit, werfen die Leute ab vom Glauben, reizen sie zu Sünden, und stärken uns auf das beste, wie wir können und mögen; sind wider Jesum, verfolgen die Seinen bis in den Tod, besitzen die Herzen der Könige und Fürsten der Welt, wider Jesu Lehre und Zuhörer. Und dies kannst du, Herr Fauste, bei dir abnehmen."

D. Faustus sprach zu ihm: „So hast du mich auch besessen? Lieber, sage mir die Wahrheit." Der Geist antwortet: „Ja warum nicht? Denn sobald wir dein Herz besahen, mit was Gedanken du umgingest, und wie du niemand sonsten zu solchem deinem Fürnehmen und Werk könntest brauchen und haben, denn den Teufel, siehe, so machten wir deine Gedanken und Nachforschungen noch frecher und kecker, auch so begierlich, daß du Tag und Nacht nicht Ruhe hattest, sondern all dein Dichten und Trachten dahin stunde, wie du die Zauberei zu Wege bringen möchtest. Auch da du uns beschwurest machten wir dich so frech und verwegen, daß du dich eher den Teufel hättest hinführen lassen, denn daß du von deinem Werk wärest abgestanden. Hernach setzten wir dir noch mehr zu, bis wir in dein Herze pflanzten, wie du einen Geist möchtest haben, der dir unterthänig sei. Letztlich brachten wir dich dahin, daß du dich mit Leib und Seel uns ergabest, das kannst du alles, Herr Fauste, bei dir abnehmen." „Das ist wahr" sagt D. Faustus „nun kann ich ihm nimmermehr widerstehn, auch hab ich mich selbst gefangen, hätte ich gottselige Gedanken gehabt, und mich mit dem Gebet zu Gott gehalten, auch den Teufel so sehr nicht bei mir einwurzeln lassen, so wäre mir solches Übel an Leib und Seele nicht begegnet. Ey, was hab ich gethan!" Antwort der Geist: „Da siehe du zu." Also ging D. Faustus traurig von ihm.

*Ein Disputation von der Höll / Gehenna*
*genannt / wie sie erschaffen und gestalt seie /*
*auch von der Pein darinnen.*

Doctor Faustus hatte wohl immerdar eine Reu im Herzen und ein Bedenken, was er gethan hätte, daß er sich seiner Seelen Seligkeit begeben und sich dem

Teufel also um das Zeitliche zu eigen verlobt hatte. Aber seine Reu war Cains und Judae Reu und Buß, da wohl eine Reu im Herzen war, aber er verzaget an der Gnade Gottes, und war ihm ein unmöglich Ding, daß er wieder zur Hulde Gottes könnte kommen. Gleich wie Cain, der auch verzweifelte und meinte, seine Sünde wäre größer denn daß sie ihm verziehen möchte werden. Also war es auch mit Judas. Dem D. Fausto war auch also, er sahe wohl gen Himmel, aber er konnte nichts ersehen. Es träumte ihm, wie man pflegt zu sagen, vom Teufel und von der Höllen, das ist, er gedachte, was er gethan hatte, und meinet immerdar durch oft und viel Disputieren, Fragen und Gespräch mit dem Geist wollt er so weit kommen, daß er einmal zur Besserung, Reu und Abstinenz geraten möchte. Aber es war vergebens, der Teufel hatte ihn zu hart gefangen. Hierauf nahm D. Faustus ihm wiederum für, ein Gespräch und Colloquium (dann ihm abermals von der Höllen geträumt hat) mit dem Geist zu halten. Fragte deswegen, was die Hölle sei. Zum andern, wie die Hölle beschaffen und erschaffen sei. Zum dritten, was für Wehe und Klagen der Verdammten in der Hölle seie. Zum vierten und letzten, ob der Verdammte wieder zur Hulde Gottes kommen könnte und von der Hölle erlöset möchte werden. Dem gab der Geist auf keine Frage Antwort, sondern sprach: „Herr Fauste, dein Fragen und Disputation von der Höll möchtest du wohl unterlassen; Lieber, was machst du aus dir selbst? Und wenn du gleich in Himmel steigen könntest, wollte ich dich doch wieder in die Hölle hinunter stürzen. Denn du bist mein und gehörst auch in diesen Stall. Darum, lieber Fauste, laß anstehen, viel von der Hölle zu fragen, und frage ein andres dafür, denn glaube: was ich dir erzähle, wird dich in solche Reu, Unmut, Nachdenken und Kümmernis bringen, daß du wolltest, du hättest die Frage unterwegen gelassen. Ist derohalben noch meine Meinung, du lassest es bleiben." D. Faustus sprach: „So will ichs wissen, oder ich will nicht leben, du mußt mirs sagen." „Wohlan" sagte der Geist „ich sag es dir, es bringt mir wenig Kummer. Du fragst, was die Hölle sei? Die Höll hat mancherlei Figur und Bedeutung. Denn einmal wird die Hölle genannt dürr und durstig, weil der Mensch zu keiner Erquickung und Labung kommen kann. Man sagt auch recht, daß die Hölle ein Thal genannt wird, das nicht weit von Jerusalem liegt. Die Hölle hat eine solche Weite und Tiefe des Thals, daß es Jerusalem, das ist dem Thron des Himmels, darinnen die Einwohner des himmlischen Jerusalems sein und wohnen, weit entgegen liegt, also daß die Verdammten im Wuste des Thales immer müssen wohnen und die Höhe der Stadt Jerusalem nicht erreichen können. So wird die Hölle auch ein Platz genannt, der so weit ist, daß die Verdammten, die da wohnen müssen, kein Ende daran ersehen mögen. So ist die Hölle auch genannt die brennende Höll, da alles angehen und brennen muß, was dahin kommt, gleich wie ein Stein in einem feurigen Ofen: ob wohl der Stein vom Feuer glühend wird, so verbrennt oder verzehrt er sich dennoch nicht, und wird nur härter davon. Also wird die Seel des Verdammten immerdar brennen, und sie doch das Feuer nicht verzehren können, sondern nur mehr Pein fühlen. So heißt die Höll auch eine ewige Pein, die weder Anfang, Hoffnung noch Ende hat. Sie heißt auch die Finsternis eines Turms, da man weder die Herrlichkeit Gottes, als das Licht, Sonn oder Mond sehen kann. Wann dennoch allda wäre nur eine Helle oder Licht, wie bei euch die finstre dicke Nacht, so hätte man doch die Hoffnung eines Scheins. Die Hölle hat auch eine Kluft, Chasma genannt. Denn gleichwie ein Erdbeben, wo es anstößet, eine solche Kluft und Dicke giebt, die unergründlich ist, da sich das Erdreich von einander schüttet, und ist es in solcher Tiefe der

Klüfte, als ob Winde darinnen wären; also ist die Hölle auch, da es einen Ausgang hat, jetzt weit, dann eng, dann wieder weit, und so fort. Die Hölle wird auch genannt Petra, ein Fels, und der ist auch etlichermaßen gestalt, als ein Saxum, Scopulus, Rupes und Cautes, also ist er. Denn die Hölle ist also befestiget, daß sie weder Erden noch Steine um sich hat, wie ein Fels, sondern wie Gott den Himmel befestiget, also hat er auch einen Grund der Höllen gesetzt, ganz hart, spitzig und rauh, wie ein hoher Fels. Sie wird auch Carcer genannt, da der Verdammte ewig gefangen sein muß. Weiter wird sie genennt Damnatio, da die Seele in die Hölle, als in ewiges Gefängnis, verurteilt und verdammt wird; dann das Urteil also wie an öffentlichem Gericht über die Übelthäter und Schuldigen gesprochen wird. Sie heißt auch Pernicies und Exitium, eine Verderbnis, da die Seelen einen solchen Schaden erleiden, der sich in Ewigkeit erstreckt. Also auch Confutatio, Damnatio, Condemnatio und dergleichen, eine Verwerfung der Seelen, da sich der Mensch in eine solche Kluft und Tiefe selbst hinab wirft, gleich wie einer, der auf einem Felsen oder Höhe gehet, und zu Thal herab sieht, daß ihm schwindelt. Es gehet aber der Mensch, der verzweifelt ist, nicht dahin, daß er die Gegend besehen möchte, doch je höher er auf steigt und begehrt, sich herab zu stürzen, je tiefer herab muß er fallen: also ist es auch mit den verdammten Seelen, die in die Hölle geworfen werden, je mehr einer sündiget, denn der andere, je tiefer muß er hinunter fallen. Endlich ist die Hölle also beschaffen, daß es unmöglich ist sie auszuspeculieren, und zu begreifen, wie Gott seinen Zorn also gelegt habe an einen solchen Ort, der da ein Gebäu und Erschaffung für die Verdammten ist, also daß er viel Namen hat, als ein Schandwohnung, ein Schlund, Rachen, Tiefe, und unterste der Höllen. Denn die Seelen der Verdammten müssen nicht allein in Wehe und Klag des ewigen Feuers sitzen, sondern auch Schand, Spott und Hohn tragen gegen Gott und seinen Heiligen, daß sie in Wohnung des Schlunds und Rachens sein müssen. Auch ist die Hölle ein solcher Schlund, der nicht zu ersättigen ist, sondern gähnet noch immer mehr auf die Seelen, so noch nicht verdammt sind, daß sie auch möchten verführt und verdammt werden. Also mußt du es, D. Fauste, verstehen, dieweil du es ja hast haben wöllen. Und merke, daß die Hölle ist ein Höll des Todes, ein Hitz des Feuers, ein Finsternuß der Erden, ein Vergessung alles Guten, deren Enden nimmermehr von Gott gedacht sind. Sie hat Marter und Wehe, und ewig unerlöschlich Feuer, eine Wohnung aller Höllischen Drachen, Würmer und Ungeziefer, eine Wohnung der verstoßenen Teufel, ein Stank vom Wasser, Schwefel und Pech, und aller hitzigen Metall. Und dies sei mein erster und ander Bericht. Zum dritten, so bannest du mich und willst von mir haben, daß ich dir einen Bericht thue, was für Wehe, und Klage die Verdammten in der Hölle haben oder haben werden: da sollst du etwan, mein Herr Fauste, die Schrift ansehen, denn mir ist es verborgen. Aber wie die Hölle jämmerlich anzusehen und qualificieret, so ist auch darinnen ein unerträgliche Pein und Marter, darum ich dir desselben Bericht thun will. Es wird den Verdammten, wie ich oben mit allen Umständen erzählt habe, also begegnen. Denn es ist wahr, was ich dir sag: die Hölle, der Frauen Bauch und die Erde werden nimmer satt. Also wird kein Ende und Aufhören nimmer da sein, sie werden zittern und wehklagen über ihre Sünde und Bosheit, auch über den verdammten und höllischen Greuel des Stanks, Verhindernuß und Schwachheit, Schreien und Wehklagen. Da wird Rufen zu Gott sein, mit Wehe, Zittern, Zagen, Gilffen, Schreien, mit Schmerzen und Trübsal, mit Heulen und Weinen. Und sollten sie auch nicht

Wehe schreien, zittern, zagen, dieweil alle Creaturen und Geschöpf Gottes wider sie sein werden, und sie ewige Schmach, hingegen aber die Heiligen ewige Ehr und Freude tragen werden? Und es wird doch ein Wehe und Zittern viel größer sein denn das andere und das daher, dieweil die Sünde ungleich, sein auch die Strafen ungleich. Die Verdammten werden auch klagen über die unleidliche Kälte, über das unauslöschliche Feuer, über die unerträgliche Finsternis und Gestank, über die Gesichter der Teufel, über die Verzweiflung alles Guten. Sie werden klagen mit weinenden Augen, Knirschen der Zähne, Stank der Nasen, Jämmern der Stimme, Erschreckung der Ohren, Zittern der Händ und Füß. Sie werden vor großen Schmerzen ihre Zungen fressen, sie werden ihnen den Tod wünschen und gerne sterben wöllen, sie mögen aber nit, denn der Tod wird von ihnen fliehen, ihre Marter und Pein wird täglich größer und schwerer. Also mein Herr Fauste hast du hiermit die dritte Frage, die mit der ersten und andern überein stimmt.

Zum vierten und letzten willst du von mir auch eine Frage haben, die zu Gott steht, ob Gott die Verdammten wieder zu Gnaden annehme, oder nicht. Aber dem sei nun wie ihm wölle, so will ich auf deine Frage Bericht thun, gleich wie wir zuvor die Hölle und ihre Substanz angesehen, ob wir auch hier etliche Fundamenta ergründen mögen. Wiewohl, lieber Herr Fauste, solches deiner Promission und Gelübnis stracks zuwider sein wird, sei dir doch hierauf dieser Bericht gethan. Du fragest letztlich, ob die Verdammten wieder zur Hulde und Gnade Gottes kommen können? Darauf antworte ich: nein, denn alle, die in der Hölle sind, so Gott verstoßen hat, die müssen in Gottes Zorn und Ungnade ewig brennen, darinnen bleiben und verharren, da keine Hoffnung nimmermehr ist. Ja wenn sie zur Gnade Gottes kommen könnten, wie wir Geister, die wir alle Stund hoffen und harren, so würden sie sich freuen und nach solcher Zeit seufzen. Aber so wenig die Teufel in der Hölle können verhoffen, aus ihrem Unfall und Verstoßung zur Gnade zu kommen, so wenig können es die Verdammten. Denn da ist nichts zu hoffen, es wird weder ihr Bitten, Anrufen noch Seufzen erhört werden, ihr Gewissen wird ihnen aufwachen und immer unter die Augen schlagen. Kaiser, Könige, Fürsten, Grafen oder sonsten Regenten werden klagen, wann sie nur nicht tyrannisiert hätten, und hie im Leben nit allen Mutwillen getrieben, so wollten sie gern zur Hulde Gottes kommen. Ein reicher Mann, wann er nur nicht gegeizet hätte, ein Hoffärtiger, wenn er nur nicht Pracht getrieben, ein Ehbrecher und Buhler, wenn er nur nit Unzucht, Ehebruch und Unkeuschheit geübet hätte. Ein Weinsäufer, Fresser, Spieler, Gotteslästerer, Meineidiger, ein Dieb, Straßenräuber, Mörder und dergleichen wird gedenken: wann ich nur meinen Bauch nicht täglich mit Üppigkeit, Wollust, und Überfluß von Speis und Trank gefüllet, wann ich nur nicht gespielet, Gott gelästert, einen Meineid gethan, gestohlen, geraubet, gemordt, oder dergleichen Laster getrieben hätte, so könnte ich noch Gnade hoffen, aber meine Sünden sind größer, denn daß sie mir könnten vergeben werden, darum ich diese höllische wohl verdiente Straf und Marter leiden, und ewiglich verdammt sein muß, und keine Huld bei Gott zu hoffen habe.

Darum sollst du, mein Herr Fauste, wissen, daß die Verdammten auf kein Ziel oder Zeit zu hoffen haben, darinnen sie aus dieser Qual erlöset möchten werden. Ja hätten sie nur eine solche Hoffnung, daß sie täglich nur einen Tropfen Wassers aus dem Meer herausschöpfen könnten, bis das Meer ganz trocken würde, so wär eine Erlösung da; oder wann ein Sandhaufe so groß wär bis an den Himmel, und ein Vögelein alle Jahr nur ein Körnlein einer Bohnen groß darvon hinweg trüge, daß alsdann, wenn der Haufe abgetragen wäre, sie erlöst werden möchten, so würden sie sich dessen erfreuen. Aber da ist keine Hoffnung, daß Gott an sie gedenken oder sich ihrer erbarmen möchte, sondern sie werden in der Höllen liegen wie Totenbein, der Tod und ihr Gewissen wird sie nagen, ihr Vertrauen und ihre Zuversicht, die sie nun erst zu Gott haben, wird nicht erhört, noch an sie gedacht werden. Ja, wenn du dich schon in der Hölle verbergen könntest, bis alle Berge zusammen über einen Haufen fielen, und von einem Ort zum andern versetzt würden, ja bis alle Steine im Meer trocken würden, so ist doch keine Hoffnung einer Erlösung vorhanden; so wenig ein Elephant oder Cameel durch ein Nadelöhr kann gehen und alle Tropfen des Regens gezählt werden mögen. Also kürzlich, mein Herr Fauste, hast du den vierten und letzten Bericht, und sollst wissen, fragst du mich ein ander mal mehr von diesen Dingen, so sollst du kein Gehör bei mir haben, denn ich bin dir solches zu sagen nicht schuldig, und laß mich nur mit solchen Fragen und Disputationibus weiter zufrieden.

Doctor Faustus ging abermals ganz melancholisch vom Geist hinweg, ward gar verwirrt und zweifelhaftig, gedachte jetzt da, dann dorthin, trachtete diesen Dingen Tag und Nacht nach. Aber es hatte keinen Bestand bei ihme, sondern wie oben gemeldet, hat ihn der Teufel zu hart besessen, verstockt, verblendet und gefangen. Zu dem, wann er schon allein war, und dem Wort Gottes nachdenken wollte, schmieget sich der Teufel in Gestalt einer schönen Frauen zu ihm, hälset ihn, und trieb mit ihm alle Unzucht, also daß er des göttlichen Worts bald vergaß, es in Wind schlug und in seinem bösen Vorhaben fortfuhr.

*Ein andere Frag / so D. Faustus mit dem*
*Geist gehabt.*

Doctor Faustus berufte seinen Geist wieder, und begehrte von ihm eine Frage, die sollt er ihm auf diesmal gewähren. Dem Geist war solches gar zuwider, jedoch wollt er ihm diesmal gehorchen; er habe ihm dies zwar ganz und gar abgeschlagen, und nun komme er wiederum, jedoch wölle er es ihm diesmal noch gewähren, und das zum letzten Mal. „Nun was begehrst du von mir?" sprach er zu D. Fausto. „Ich will" sagt Faustus „dein Antwort über eine Frage von dir anhören, als nämlich: Wenn du an meiner Statt ein Mensch von Gott erschaffen wärest, was du thun wolltest, daß du Gott und den Menschen gefällig würdest?" Darüber lächelte der Geist und sagt: „Mein Herr Fauste, wann ich ein Mensch erschaffen wär wie du, wollte ich mich biegen gegen Gott, allweil ich einen menschlichen Athem hätte, und mich befleißen, daß ich Gott nicht wider mich zu Zorn bewegte, seine Lehr, Gesetz und Gebot würd ich, soviel mir möglich, halten, ihn allein anrufen, loben, ehren und preißen, damit ich Gott gefällig und angenehme wäre, und wüßte, daß ich nach meinem Absterben die ewige Freude, Glorj und Herrlichkeit erlangte." D. Faustus sagt hierauf: „So hab ich aber solches nit gethan." „Ja freilich" saget der Geist „hast du es nit gethan, sondern deinen Schöpfer, der dich erschaffen, dir die Sprach, Gesicht und Gehör gegeben hat, daß du seinen Willen verstehen und der ewigen Seligkeit nachtrachten solltest, den hast du verleugnet, die herrliche Gabe deines Verstandes mißbraucht, Gott und allen Menschen abgesagt; darum du niemand die Schuld zu geben hast, als deinem stolzen und frechen Mutwillen, dadurch du also dein bestes Kleinod und Zierde der Zuflucht Gottes verloren." „Ja dies ist leider wahr" sagt D. Faustus, „wolltest du aber, mein

Mephostophiles, daß du ein Mensch an meiner Statt wärest?" „Ja" sagte der Geist seufzend „und würde hierinnen nicht viel disputieren mit dir, denn ob ich schon gegen Gott also gesündiget, wollte ich mich doch wiederum in seinen Gnaden erholen." Dem antwort D. Faustus: „So wär es mit mir auch noch früh genug, wann ich mich besserte?" „Ja" sagte der Geist „wenn du auch vor deinen groben Sünden zur Gnade Gottes kommen könntest, aber es ist nun zu spat, und ruhet Gottes Zorn über dir." „Laß mich zufrieden" sagt D. Faustus zum Geist. Antwortet der Geist: „So laß mich forthin auch zufrieden mit deinen Fragen."


FOLGET NUN DER ANDER TEIL DIESER
HISTORIEN / VON FAUSTI
*Abenteuern und anderen Fragen.*

Als Doctor Faustus in den gottseligen Fragen vom Geist keine Antwort mehr haben konnte, mußte ers auch sein lassen, fing demnach an, Calender zu machen, ward also derselben Zeit ein guter Astronomus oder Astrologus, von seinem Geist gar wohl gelehrt in der Sternkunst, und wie man Practiken schreibe. Wie denn auch männiglich wohl bewußt, daß alles, was er geschrieben, unter den Mathematicis großes Lob davon gebracht. So stimmten auch seine Practiken, die er Fürsten und großen Herren dedicierte, überein, denn er richtete sich nach seines Geistes Weissagungen und Deutungen zukünftiger Ding und Fäll, welche sich auch also erzeigten. So lobte man auch seine Calender und Almanach vor andern, denn er setzte nichts in die Calender, es war ihm auch also. Wann er setzte Nebel, Wind, Schnee, Feucht, Warm, Donner, Hagel etc., hat sichs auch also verloffen. Es waren seine Calender nit, als etlicher unerfahrenen Astrologen, so im Winter Kalt und Gefroren oder Schnee, und im Sommer in den Hundstagen Warm, Donner oder Ungewitter setzen. Er machte auch in seinen Practiken Zeit und Stunde, wann was Künftiges geschehen sollt, warnete eine jede Herrschaft besonders, wie daß die eine mit Teuerung, die ander mit Krieg, die dritte mit Sterben, und so fortan, sollte angegriffen werden.

### *Eine Frag oder Disputatio von der Kunst Astronomia oder Astrologia.*

Als nun D. Faustus seine Practicam und Calender zwei Jahr gerichtet und gemacht hatte, fraget er seinen Geist, was es für eine Gelegenheit habe mit der Astronomia oder Astrologia, so die Mathematici zu stellen pflegen. Dem antwortet der Geist und sprach: „Es hat ein solch Judicium, daß alle Sternseher und Himmelgucker nichts Sonderliches gewiß practicieren können, denn es sind verborgene Werk Gottes, welche die Menschen nicht wie wir Geister, die wir in der Luft unter dem Himmel schweben, sehen und ergründen können. Denn wir sein alte Geister, in des Himmels Lauf wohl erfahren. Ich könnte dir auch, Herr Fauste, eine ewige Aufzeichnung thun, ein Jahr um das andere, Practica oder Calender zu schreiben, oder von der Nativität zu erforschen; wie du gesehen hast, daß ich dir nie gelogen hab. Es ist wohl wahr, daß die, so vor alten Zeiten 5 oder 600 Jahr erlebt, solche Kunst gründlich erfahren und begriffen haben, denn durch so viele Jahre wird das große Jahr erfüllt, daß sie solches erklären und den Nachkommen mitteilen mögen. Aber alle junge und unerfahrene Astrologi machen ihre Practica nach bloßem Wahn und Gutdünken.

*Vom Winter und Sommer.*

Es deuchte den Faustum gar seltsam, daß Gott in dieser Welt Winter und Sommer erschaffen, nahm sich der halben für, den Geist zu fragen, woher der Sommer und Winter ihren Ursprung haben. Antwortet der Geist ganz kurz darauf: „Mein Herr Fauste, kannst du solches als ein Physicus nicht selbsten sehen und abnehmen an der Sonnen? So sollst du wissen, daß von dem Mond an bis an das Gestirn alles feurig ist, dagegen ist die Erde kalt und erfroren, denn je tiefer die Sonne scheinet, je heißer ist es, das ist der Ursprung des Sommers; stehet die Sonne hoch, so ist es kalt und bringet mit sich den Winter."

*Von des Himmels Lauf / Zierde und Ursprung.*

Doctor Faustus durfte, wie vorgemeldet, den Geist von göttlichen und himmlischen Dingen nicht mehr fragen. Das thät ihm wehe und gedachte ihm Tag und Nacht darüber nach. Damit er nun von göttlicher Creatur und Erschaffung besser ein Gelegenheit hätte, etwas zu erfahren, fragte er nicht mehr wie zuvor von der Freud der Seligen, von den Engeln und von dem Wehe der Höllen, denn er wußte, daß er hinfüro von dem Geist keine Audienz mehr würde erlangen; mußte deshalb fingieren, was ihn gedeuchte, damit er es erlangen möchte. Nimmt ihm deswegen für, den Geist unter dem Vorwand zu fragen, als ob es zu der Astronomia oder Astrologia den Physicis dienlich seie und nötig zu wissen. Fragt also den Geist, wie folget, von des Himmels Lauf, Zierd und Ursprung, das sollt er ihn berichten. „Mein Herr Fauste" sagt der Geist „Der Gott, der dich erschaffen hat, hat auch die Welt und alle Elementa unter dem Himmel erschaffen, denn Gott machte anfänglich den Himmel aus dem Mittel des Wassers, und teilte die Wasser vom Wasser, hieß das Firmament den Himmel. So ist der Himmel kuglicht und scheiblicht, auch beweglich, da er vom Wasser geschaffen, zusammen gefüget und also befestiget ist wie ein Cristall und siehet auch oben im Himmel also, darinnen ist gehaftet das Gestirn, und durch solche Ründe des Himmels wird die Welt in vier Teile geteilet, als nämlich in den Aufgang, Niedergang, Mittag und Mitternacht, und wird der Himmel so schnell umgewälzt, daß die Welt zerbräche, so es die Planeten mit ihrem Gegenlauf nicht verhinderten. Der Himmel ist auch mit Feuer erschaffen, und wo die Wolken nit mit der Kälte des Wassers umgeben wären, würde das Feuer oder die Hitze die unteren Element anzünden. Innerhalb des Firmaments, da das Gestirn des Himmels ist, sind die sieben Planeten, als Saturnus, Jupiter, Mars, Sol, Venus, Mercurius und Luna. Es bewegen sich alle Himmel, allein der feurige ruhet. Und wird also die Welt in vier Teile geteilet, als des Feuers, Luft, Erden und Wassers. Also ist diese Sphär und Creatur formieret und nimmt ein jeglicher Himmel seine Materi und Eigenschaft daraus, nämlich der oberste ist feurig, der mittel und unterst sind licht, als der Luft, der eine Himmel ist scheinend, der mittelst und der unterst sind lüftig. In dem obersten ist die Wärme und das Licht, von Nähe der Sonne wegen, im untersten aber von Widerscheins wegen des Glanzes von der Erden, und wo ihn der Schein des Glanzes nicht erreichen kann, ists kalt und dunkel. In diesem dunkeln Luft wohnen wir Geister und Teufel, und sind in diesen dunkeln Luft verstoßen. In diesem dunkeln Luft sind Ungestümigkeit, Donner, Schlag, Hagel, Schnee und dergleichen, daher wir denn die Zeit des Jahres und wie es wittern soll, wissen können. Also hat der Himmel zwölf Umkreis, welche die Erde und das Wasser umringen, so alle mögen Himmel genannt werden." Es erzählte ihm auch der Geist, wie ein Planet nach dem andern regiere und wieviel gradus ein jeglicher Planet über den andern habe.

*Eine Frage Doctor Fausti / wie Gott die Welt*
*erschaffen / und von der Geburt des ersten*
*Menschen / darauf ihme der Geist / seiner*
*Art nach / eine ganz falsche Antwort gab.*

Doctor Fausto, in seiner Traurigkeit und Schwermut, ist sein Geist erschienen, hat ihn getröstet und gefraget, was für Beschwernis und Anliegen er hätte. D. Faustus gab ihm keine Antwort, also daß der Geist heftig an ihn setzet und begehret, daß er ihm gründlich sein Anliegen erzähle; wenn es möglich, so wollte er ihm hierinnen behülflich sein. D. Faustus antwortet: „Ich hab dich als einen Diener angenommen, und dein Dienst kommt mich teuer genug an, dennoch kann ich von dir nicht haben, daß du mir zu Willen werdest, wie einem Diener geziemet." Der Geist sprach: „Mein Herr Fauste, du weißt, daß ich Dir noch nie zuwider gewesen bin, sondern, ob ich gleich oftmals auf deine Fragen dir zu antworten nicht schuldig war, bin ich dir doch jederzeit zu Willen worden. So sage nun, mein Herr Fauste, was dein Begehren und Anliegen seie." Der Geist hatte D. Fausto das Herz abgewonnen, also fragte ihn Faustus, er sollte ihm Bericht thun, wie Gott die Welt erschaffen hätte, und von der ersten Geburt des Menschen. Der Geist gab D. Fausto hierauf einen gottlosen und falschen Bericht. Sagte: „Die Welt, mein Fauste, ist unerborn und unsterblich; so ist das menschliche Geschlecht von Ewigkeit hero gewest und hat Anfangs kein Ursprung gehabt; so hat sich die Erde selbsten nähren müssen und das Meer hat sich von der Erden zerteilet. Sind also freundlich mit einander verglichen gewest, als wenn sie reden könnten. Das Erdreich begehrte vom Meer seine Herrschaft, als Äcker, Wiesen, Wälder und das Gras oder Laub, und dargegen das Wasser die Fisch, und was darinnen ist; allein Gott haben sie zugegeben, den Menschen und den Himmel zu erschaffen, also daß sie letztlich Gott unterthänig sein müssen. Aus dieser Herrschaft entsprungen vier Herrschaften, die Luft, das Feuer, Wasser und Erdreich. Anders und kürzer kann ich dich nicht berichten." D. Faustus speculierte dem nach, und wollte ihm nicht in Kopf, sondern wie er Genesis am 1. Capitel gelesen, daß es Moyses anders erzählet; also daß er, D. Faustus, nicht viel darwider sagte.

### D. Fausto wurden alle höllische Geister in ihrer Gestalt fürgestellt / darunter sieben fürnembste mit Namen genennet.

D. Fausti Fürst und rechter Meister kam zu ihm und wollte ihn visitieren. D. Faustus erschrak nicht wenig vor seiner Greulichkeit. Denn unangesehen, daß es im Sommer war, so ginge doch ein solcher kalter Luft vom Teufel, daß Faustus vermeinte, er müßte erfrieren. Der Teufel, so sich Belial nannte, sprach: „Doctor Fauste, um Mitternacht, da du erwachtest, hab ich deine Gedanken gesehn, und sind diese, daß du gern etliche der fürnembsten höllischen Geister sehen möchtest; so bin ich mit meinen fürnembsten Räthen und Dienern erschienen, daß du sie auf dein Begehren besichtigen sollst." D. Faustus antwortet: „Wohlan, wo sind sie nun?" „Daraußen" sagt Belial.

Belial aber erschien Doctor Fausto in Gestalt eines zotteten und ganz kohlschwarzen Bären, nur daß seine Ohren über sich stunden; und waren die Ohren und der Rüssel ganz brennend rot. Er hatte hohe schneeweiße Zähne und einen langen Schwanz, ungefähr bei drei Ellen, und am Hals hatte er drei fliegender

Flügel. Also kam zu D. Fausto ein Geist nach dem andern in die Stuben, daß sie nicht alle sitzen konnten. Der Belial aber zeigte D. Fausto einen nach dem andern, wer sie wären und wie sie genennet würden. Es gingen aber erstlich hinein sieben fürnehme Geister, als: Lucifer, Doctor Fausti rechter Herr, dem er sich verschrieben, von Gestalt eines Mannes hoch, und war härig und zottig, in einer Farb wie die roten Eichhörnlein seind, den Schwanz ganz über sich habend, wie die Eichhörnlein. Darnach der Beelzebub, der hatt ein leibfarbs Haar und einen Ochsenkopf mit zweien erschrecklichen Ohren, auch ganz zottig und härig, mit zweien großen Flügeln, so scharf wie die Disteln im Felde, halb grün und gelb, allein daß über den Flügeln Feuerströme herausflogen; hatt einen Kühschwanz. Asteroth kam hinein in Gestalt eines Wurms, und ginge aufm Schwanz aufrecht hinein, hatte keinen Fuß. Der Schwanz hatte eine Farb wie die Blindschleichen, der Bauch war gar dick, und hatte oben zween kurzer Füß, gar gelb, der Bauch war ein wenig weiß und gelblicht, der Rücken ganz kestenbraun, eines Fingers lang spitzige Stacheln und Borsten daran wie ein Igel. Darnach kam Satanas, ganz weiß und grau und zottig, hatte einen Eselskopf, und war doch der Schwanz wie ein Katzenschwanz, und die Klauen einer Ellen lang. Anubis, dieser hatte einen Hundskopf, schwarz und weiß, im Schwarzen weiße Tüpfeln und im Weißen schwarze. Sonsten hatte er Füß und hangende Ohren wie ein Hund; er war vier Ellen lang. Nach diesem kam Dythicanus, der war auch bei drei Ellen lang, sonsten wie ein Vogel und Rebhuhn gestalt, allein der Hals war grün und schattiert. Der letzte war Drachus, mit vier kurzen Füßen, gelb und grün der Leib oben braun wie blau Feuer, und der Schwanz rötlicht. Die sieben mit Belial, dem achten, ihrem Rädelführer, waren also mit gemeldten Farben gekleidet. Die andern erschienen auch gleicher

Gestalt wie die unvernünftigen Tiere, als Schweine,
Rehe, Hirschen, Bären, Wölfe, Affen, Biber, Büffel,
Böck, Geißen, Eber, Esel und dergleichen; also viel,
daß etliche wieder aus der Stuben mußten hinaus-
gehen. Doctor Faustus verwunderte sich sehr ob dem
und fragte die sieben umstehenden, warum sie nicht in
anderer Gestalt erschienen wären. Sie antworteten, das
sei ihre Gestalt in der Hölle, jedoch könnten sie bei
den Menschen alle Gestalt und Gebärd an sich nehmen, die sie wöllten. Doctor Faustus sagte hierauf, es
wäre genug, wenn die sieben da wären, und bat, den
andern Urlaub zu geben; das geschahe. Darnach begehrte Faustus, sie sollten ihn eine Probe sehen lassen,
deß ward er gewähret, und also veränderte sich einer
nach dem andern in allerlei Tiergestalt, als in große
Vögel, Schlangen und kriechende Tiere, vier- und
zweifüßige. Das gefiel D. Fausto gar wohl, und
fragte, ob ers auch könnte. Sie sagten „Ja" und wurfen ihm ein Zauberbüchlein hin, er sollte seine Probe
auch thun; das thät er. Eh sie nun Urlaub nahmen,
konnte D. Faustus nicht vorüber, sie zu fragen, wer
denn das Ungeziefer erschaffen hätt. Sie sagten, nach
dem Fall des Menschen sei auch erwachsen das Ungeziefer, damit es den Menschen plage und ihm Schaden thue „so können wir uns auch ebensowohl in
mancherlei Ungeziefer verwandeln, als in andere
Tiere". D. Faustus lacht und begehrt solches zu sehen.
Das geschah; denn alsbald sie vor ihm verschwanden,
erschien in Fausti Gemach oder Stuben allerlei Ungeziefer, als Ameisen, Egel, Kühfliegen, Grillen, Heu-
schrecken und so fort, also daß sein ganzes Haus
voller Ungeziefer ward. Sonderlich war er darüber
erzürnt, verdrossen und unwillig, daß von dem Ungeziefer ihn auch etliches plagte, als die Ameisen, die
krochen auf ihn und besichten ihn, die Bienen stachen
ihn, die Mücken fuhren ihm unter das Angesicht, die
Flöhe bissen ihn, daß er zu wehren hatte, die Läus

vexierten ihn auf dem Kopf und Hemd, die Spinnen fuhren auf ihn herab, die Raupen krochen auf ihn, die Wespen stachen ihn. In Summa, er ward allenthalben mit Ungeziefer geplagt, daß er recht sagte: „Ich glaube, daß ihr alle junge Teufel seid." Derhalben D. Faustus in der Stuben nicht verbleiben konnte, alsbald er aber herausging, da hatte er keine Plage noch Ungeziefer mehr an ihm, zudem so verschwanden sie stracks darauf alle zugleich mit einander.

### Wie D. Faustus in die Höll gefahren.

Doctor Faustus war auf das achte Jahr kommen, und erstrecket sich also sein Ziel von Tag zu Tag. War auch die Zeit meist mit Forschen, Lernen, Fragen und Disputationen umgangen. Unter dem träumte oder grauete ihm abermal von der Höllen. Er fordert also seinen Diener, den Geist Mephostophilem, er sollte ihm seinen Herrn Belial oder Lucifer berufen und kommen lassen. Sie schickten ihm aber einen Teufel, der nannte sich Beelzebub, einen fliegenden Geist unter dem Himmel. Der fragte Faustum, was sein Begehren oder Anliegen wäre. Antwortet ihm Faustus, ob er nicht vermöchte, daß ihn ein Geist in die Hölle hinein führte und wieder heraus, daß er der Höllen Qualität, Fundament, Eigenschaft und Substanz möchte sehen und abnehmen. „Ja" sprach Beelzebub „um Mitternacht, so will ich kommen und dich holen." Als es nun Nacht und stockfinster war, erschiene ihm Beelzebub und hatte auf seinem Rücken einen beinenen Sessel, der war rings herum ganz geschlossen, darauf setzte sich Faustus und fuhr also davon. Nun höret, wie ihn der Teufel verblendet, und ihm ein Affenspiel macht, daß er nicht anders gemeinet, denn er sei in der Hölle gewesen. Er führte ihn auf in die Luft, darob D. Faustus entschlief, als wann er in einem warmen Wasser oder Bad säße. Bald darnach kommt er auf einen hohen Berg, auf einer großen Insel, daraus Schwefel, Pech und Feuerstrahlen schlugen, und mit solchem Ungestüm und Prasseln, daß D. Faustus darob erwachet. Der teuflische Wurm schwang sich in solche Kluft hinein mit D. Fausto. Aber wie heftig es brannte, so empfand doch Faustus keine Hitze noch Brunst, sondern nur ein Lüftlein wie im Maien oder Frühling. Er hörte auch darauf allerlei Instrumenta, deren Klang gar lieblich war, und konnte doch, so hell das Feuer war, kein Instrument sehen, oder wie es geschaffen. So durfte er auch nicht fragen, da ihm dies zuvor ernstlich verboten war, daß er nicht fragen noch reden sollte. Indem schwungen sich zu diesem teuflischen Wurm und Beelzebub noch anderer drei, auch solcher Gestalt. Als D. Faustus noch tiefer in die Kluft hinein kam, und die andern drei dem Beelzebub vorflogen, begegnete Fausto ein großer fliegender Hirsch mit großen Hörnern und Zinken, der wollte ihn in die Kluft hinabstürzen von seinem Stuhl, darob Faustus sehr erschrake. Aber die drei vorfliegenden Würmer vertrieben den Hirschen. Als nun D. Faustus besser in die Spelunke hinab kam, da sah er um sich herum nichts anderes, denn lauter Ungeziefer und Schlangen schweben. Die Schlangen aber waren unsäglich groß. Ihm kamen darauf fliegende Bären zu Hülf, die rangen und kämpften mit den Schlangen, und siegten ihnen ob, also daß er sicher und besser hindurch kam. Da er nun weiter hinabkommt, sieht er einen großen geflügelten Stier aus einem alten Thor oder Loch heraus gehen, der lief ganz zornig und brüllend auf D. Faustum zu, und stieß so stark an seinen Stuhl, daß sich der Stuhl zugleich mit dem Wurm und Fausto umgewendet. D. Faustus fiel von dem Stuhl in die Kluft immer je tiefer hinunter, mit großem Zeter und Wehgeschrei, denn er gedachte: „Nun ist es mit mir

aus" weil er auch seinen Geist nicht mehr sehen
konnte. Doch erwischt ihn letztlich im Hinunterfallen
ein alter runzlichter Aff, der erhielt und rettet ihn.
Indem überzog die Hölle ein dicker finstrer Nebel,
daß er eine Weil gar nichts sehen konnte, darnach
that sich ein Wolken auf, daraus zween großer Drachen stiegen, die zogen einen Wagen nach sich, auf
den setzte der alte Aff D. Faustum. Dann folgte
etwan ein viertel Stund lang eine dicke Finsternis,
also daß D. Faustus weder den Wagen noch die
Drachen mehr sehen und erkennen konnte, und fuhr
doch immer fort hinunter. Aber sobald solcher dicker
stinkender und finstrer Nebel verschwand, sah er
seine Roß und Wagen wiederum. Aber aus der Luft
herab schossen auf ihn so viel Strahlen und Blitze,
daß der Keckest, will geschweigen D. Faustus, hätte
erschrecken und zittern müssen. Indem kommt
D. Faustus auf ein großes und ungestümes Wasser, in
das senkten sich die Drachen hinunter. Er empfand
aber kein Wasser, sondern große Hitz und Wärme,
und schlugen also die Wellen auf D. Faustum zu, daß
er Roß und Wagen verlor und fiel immer tiefer und
tiefer in die Grausamkeit des Wassers hinein, bis er
endlich im Fallen eine Kluft erreichte, die war hoch
und spitzig. Darauf saß er, als wenn er halb tot wäre,
sahe um sich, konnte aber niemand sehen noch hören.
Er sahe immer in die Kluft hinein, darob ein Lüftlein
sich erzeigte; um ihn war nichts denn Wasser.
D. Faustus sprach bei sich: „Was sollst du nun thun,
dieweil du von den höllischen Geistern verlassen bist?
Entweder du mußt dich in die Kluft oder in das
Wasser stürzen, oder hie oben verderben." Er erzürnete
sich darob und sprang also in einer rasenden unsinnigen Furcht in das feurige Loch hinein und sprach:
„Nun ihr Geister, so nehmet mein wohlverdientes
Opfer an, so meine Seel verursacht hat." Indem er
sich also überzwerchs hineingestürzt hat, wird so ein

erschrecklich Klopfen und Getümmel erhört, davon sich der Berg und Felsen erschüttert, daß er vermeinet, es seien lauter große Geschütze abgegangen. Als er nun auf den Grund kam, da sahe er im Feuer viel stattlicher Leut, Kaiser, Könige, Fürsten und Herrn; item, viel tausend geharnischte Kriegsleut. Am Feuer floß ein kühles Wasser, davon etliche tranken und sich erlabeten und badeten, etliche liefen vor Kühle in das Feuer sich zu wärmen. D. Faustus trat in das Feuer und wollte eine der Seelen ergreifen, aber als er vermeinte, er hätt sie in der Hand, da entschwand sie ihm. Er konnte aber vor der Hitze nicht länger bleiben, und da er sich umschaut, siehe so kommt sein Drach oder Beelzebub mit seinem Sessel wieder. Darauf saß er und fuhr wieder in die Höhe. Denn er konnte vor dem Donner, Ungestüm, Nebel, Schwefel, Rauch, Feuer, Frost und Hitze in die Länge nicht verharren, sonderlich, da er das Zetergeschrei, Wehe, Griesgramen, Jammern und Pein gesehen hatte. Nun war D. Faustus eine gute Zeit nicht daheim gewesen, so hat auch sein Famulus nicht anders gemeinet und abnehmen können, weil er die Hölle hatte begehret zu sehen, er werde mehr gesehen haben, denn ihm lieb sei, und ewig außen bleiben. Unter dem kommt in der Nacht D. Faustus wiederum nach Haus; er war auf dem Sessel eingeschlafen, so warf ihn der Geist also schlafend in sein Bett hinein. Als aber der Tag herbei kam, und D. Faustus erwachte und das Licht des Tages sahe, war ihm nicht anders, als wenn er eine Zeit lang in einem finstern Turm gesessen wäre. Dann er seithero nichts andres gesehen hatte, als die Feuerströme der Hölle und was die Glut von sich gegeben hatte. Da nun D. Faust im Bette lag, gedachte er der Höllen nach, einmal kam es ihm gewißlich für, er wäre darinnen gewest, das ander mal zweifelte er darob, und vermeinte, der Teufel hätte ihm nur ein Geplärr und Gaukelwerk vor die Augen gemacht. Wie auch wahr ist, denn er hatte die Höll noch nicht recht gesehen, er würde sonsten nicht darein begehrt haben.

Diese Historiam und Geschicht, was er in der Höll oder Verblendung gesehen, hat er, D. Faustus, selbst aufgeschrieben, und ist nach seinem Tod solch Schreiben in einem Zettel seiner eigenen Handschrift und in einem Buche verschlossen liegend hinter ihm gefunden worden.

### Wie D. Faustus in das Gestirn hinauf gefahren.

Diese Geschicht hat man auch bei ihm funden, so mit seiner eigenen Hand concipiert und aufgezeichnet worden, welches er seiner guten Gesellen einem, Jonae Victori, Medico zu Leipzig, geschrieben; welches Schreibens Inhalt war, wie folgt:

Insonders lieber Herr und Bruder, ich weiß mich noch, desgleichen ihr auch, unsres Schulgangs von Jugend auf zu erinnern, da wir zu Wittenberg mit einander studierten, und ihr euch anfänglich der Medicinae, Astronomiae, Astrologiae, Geometriae befliessen, wie ihr dann auch ein guter Physicus seid. Ich aber war euch ungleich, und hab, wie ihr wohl wißt, Theologiam studieret; so bin ich euch doch noch in dieser Kunst gleich worden, also daß ihr mich etlicher Sachen, euch zu berichten, um Rat gefragt. Dieweil ich nun, wie ich aus eurem Schreiben vernommen, euch nie nichts hab geweigert, noch zu berichten versagt, bin ich dessen noch erbietig, ihr sollet mich auch alle Zeit so finden und heimsuchen, so oft ihr wollt. Des Ruhmes und Lobes, so ihr mir zumeßt und gebet, thu ich mich gleichfalls bedanken, nämlich, daß meine Calender und Practiken so weit in das Lob kommen, daß nicht allein geringe Privatpersonen oder gemeine Bürgerschaft, sondern Fürsten, Grafen und Herren meiner Practica nachfragen, dieweil alles, was ich gesetzt und geschrieben habe, also wahrhaftig soll übereinstimmen. In eurem Schreiben bittet ihr mich auch, euch von meiner Himmelfahrt unter das Gestirn zu berichten, von welcher ihr vernommen habt, ob ihm so sei oder nicht, und euch solches ganz unmöglich dünket, so es nun doch einmal geschehen ist. Ihr setzet auch hinzu, es müsse etwan durch den Teufel oder durch Zauberei geschehen sein? Ja wett Fritz! Es sei ihm aber wie ihm wölle, es ist doch geschehen, und solcher Gestalt, wie ich es auf eure Bitte euch nachfolgends berichte.

Als ich einst nicht schlafen konnte, und darneben an meine Calender und Practica gedachte, wie doch das Firmament am Himmel qualificiert und beschaffen wäre, daß der Mensch oder die Physici solches hierunten erkennen könnten, ob sie gleich solches nicht sichtbarlich, sondern nach Gutdünken, aus den Büchern und Opinionibus disponieren und erforschen könnten; siehe, so hört ich ein ungestüm Brausen und Wind meinem Haus zugehen, der meinen Laden und Kammerthür und alles aufschlug, darob ich nicht wenig erschrak. Indem hört ich eine brüllende Stimm, die sagt: „Wohlauf, deines Herzens Lust, Sinn und Begehr wirst du sehen." Darauf sagt ich: „Wenn das zu sehen ist, daran ich jetzo gedacht, und welches diesmal meine größte Begierde ist, so will ich mit." Es antwortete wieder: „Schaue zum Laden heraus, so wirst du die Fuhr sehen." Das thät ich. Da sah ich einen Wagen mit zween Drachen herab fliegen, der stund in höllischen Flammen. Da nun der Mond dazumal am Himmel stunde, besah ich mir auch die Rosse, so vor meinem Wagen waren. Diese Würmer waren an Flügeln braun und schwarz, mit weiß gesprenkelten Tüpfeln, der Rücken auch also, der Bauch, Kopf und Hals grünlich, gelb und weiß gesprenkelt. Die Stimme schrie wieder: „So sitz auf, und wandere." Ich sprach: „Ich will dir folgen, doch muß ich alle Umstände fragen dürfen." „Ja" antwortet die Stimme „es sei dir diesmal erlaubt." Darauf stieg ich auf den

Kammerladen, sprang auf meine Kutschen und fuhr davon. Die fliegenden Drachen führten mich empor; der Wagen hatte vier Räder, die rauschten, als wenn ich auf dem Lande führe, doch gaben die Räder im Umlaufen immer Feuerströme. Je höher ich kam, je finsterer war die Welt, und deuchte mir nicht anders, als wenn ich aus dem hellen Sonnentage in ein finstres Loch führe. Sahe also vom Himmel herab in die Welt. Indem rauschte mein Geist und Diener daher und sitzt zu mir in den Wagen. Ich sagte zu ihm: „Mein Mephostophiles, wo muß ich nun hinaus?" „Das laß dich nicht irren" sprach er; und fuhren also noch höher hinauf.

Nun will ich euch erzählen, was ich gesehen hab. Denn am Dienstag fuhr ich aus, und kam am Dienstag wieder zu Haus, das waren acht Tag, darinnen thät ich nie keinen Schlaf, war auch kein Schlaf in mir, hatte auch, so lang ich außen war, kein Hunger noch Durst. Und fuhr ganz unsichtbar. Als es nun des Morgens früh am Tag und hell ward, sagt ich zu meinem Geist Mephostophili: „Lieber, wie weit sein wir schon gefahren, das kannst du wissen. Dann ich wohl an der Welt abnehmen kann, daß ich diese Nacht schon weit gefahren bin." Mephostophiles antwortete: „Mein Fauste, glaub mir, daß du bishero schon 47 Meilen in die Höhe gefahren bist." Darnach sah ich am Tag herab auf die Welt. Da sah ich viel Königreich, Fürstentum, und Wasser, also daß ich die ganze Welt, Asiam, Aphricam und Europam genugsam sehen konnte. Und in solcher Höhe sagte ich zu meinem Diener: „So weise und zeige mir nun an, wie dies und das Land und Reich genennet werde." Das thät er und sprach: „Siehe, dies auf der linken Hand ist das Ungerland, item, dies ist Preussen. Dort drüben ist Sicilia, Poln, Dennemarck, Italia, Teutschland. Aber morgen wirst du sehen Asiam, Aphricam, item Persiam, und Tartarey, Indiam, Arabiam. Am dritten Tag, da sahe ich in die kleine und große Türckey,

Persiam, Indiam und Aphricam. Vor mir sahe ich Constantinopel und im persischen und constantinopolitanischen Meere sahe ich viel Schiff und Kriegsheer hin und wider schweben. Es war mir aber Constantinopel anzusehen als ob kaum drei Häuser da wären und die Menschen als einer Spannen lang. Ich fuhr im Julio aus, da war es gar warm; so ich nun mein Gesicht jetzt hier, jetzt dorthin warf, gen Aufgang, Mittag, Niedergang und Mitternacht, so regnete es dann an einem Orte, an dem andern donnerte es, hie schlug der Hagel, am andern Ort war es schön. Ich sahe auch endlich alle Ding, die gemeiniglich in der Welt sich zutrugen. Als ich nun acht Tage in der Höhe war, sahe ich hinauf von ferne, daß der Himmel so schnell fuhr und wälzte, als wenn er in tausend Stücken zerspringen oder die Welt zerbrechen wollte. So war auch der Himmel so hell, daß ich nicht weiters hinauf sehen konnte, und so hitzig, wann mein Diener keine Luft gemacht hätte, daß ich hätte verbrennen müssen. Das Gewölk, so wir unten in der Welt gesehen, ist so fest und dick wie eine Mauer und Felsen, klar wie ein Cristall, und der Regen, so darvon kommt, bis er auf die Erden fällt, so klar, daß man sich darin ersehen kann. So beweget sich das Gewölk am Himmel so kräftig, daß es immer lauft, von Osten gen Westen, und nimmt das Gestirn, Sonn und Mond mit sich. Daher, wie wir sehen, kommt, daß sie vom Aufgang zum Niedergang lauft. Und gedeuchte mich, die Sonne wäre bei uns kaum mehr denn eines Faßbodens groß, sie war aber größer denn die ganze Welt, und ich konnte kein End daran sehen. So muß der Mond des Nachts, wenn die Sonne untergehet, sein Licht von ihr empfangen, darum scheint er zu Nacht so hell; wie es dann auch unter dem Himmel so hell ist, und also zu Nacht am Himmel der Tag ist, und auf Erden finster. Ich sahe also mehr denn ich begehrte. Der Sterne einer war größer denn die halbe

Welt; ein Planet so groß als die Welt; und wo die Luft war, da waren die Geister unter dem Himmel. Im Herabfahren sahe ich auf die Welt, die war wie der Dotter im Ei, und gedauchte mich, die Welt wäre nicht einer Spannen lang, und das Wasser war zweimal breiter anzusehen. So kam ich also am achten Tag des Nachts wieder zu Haus, und schlief drei Tage nach einander; richtete hernach alle meine Calender und Practica darnach. Dies hab ich euch auf euer Begehren nicht wöllen verhalten, und besehet also eure Bücher, ob meinem Gesicht nach diesem nicht also sei. Und seiet von mir freundlich gegrüßet.

Doctor Faustus, der Gestirnseher.

## Doctor Fausti dritte Fahrt in etliche Königreich und Fürstentumb / auch fürnembste Länder und Städte.

Doctor Faustus nimmt ihm im 16. Jahr eine Reis oder Pilgerfahrt für und befiehlt also seinem Geist Mephostophili, daß er ihn leite und führe, wohin er begehre. Derhalben sich Mephostophiles zu einem Pferde verkehret und veränderte, doch hat er Flügel gehabt wie ein Dromedari, und fuhr also, wohin ihn D. Faustus lenkte. Faustus durchwandelte und durchreisete manch Fürstentum, als das Land Pannoniam, Österreich, Germaniam, Böheim, Schlesien, Sachssen, Meissen, Thüringen, Franckenland, Schwabenland, Beyerland, Littauw, Lieffland, Preussen, Moscowiterland, Frießland, Holland, Westphalen, Seeland, Brabant, Flandern, Franckreich, Hispaniam, Portugall, Welschland, Polen, Ungern, und war dann wieder in Thüringen; war also 25 Tag außen, darinnen er nicht alles sehen konnte, dazu er Lust hatte. Derhalben nahm er sich abermals eine Reise für, und ritt mit seinem Pferde aus, und kam gen Trier, welche Stadt ihm erstlich einfiel zu sehen, weil sie so altfränckisch ist anzusehen; darinnen er nichts sonderliches gesehen, denn einen Palast wunderbarlichen Werkes, welcher aus gebackenen Ziegeln gemacht ist, und so fest, daß sie keinen Feind zu fürchten haben. Darnach sahe er die Kirchen, darinnen Simeon und der Bischof Popo begraben liegen, welche aus unglaublich großen Steinen mit Eisen zusammengefüget ist. Darnach wendet er sich gen Paris in Franckreich, und gefielen ihm daselbst die Studia und hohe Schul gar wohl. Was nun dem Fausto für Städt und Landschaften in Sinn fielen, die durchwandert er. Als unter andern auch Mayntz, da der Mayn in Rhein fleußt; er säumt sich aber da nicht lang, und kam in Campanien, in die Stadt Neapolis. Darinnen er unsäglich viel Klöster und Kirchen gesehen, und so große, hohe und herrliche gezierte Häuser, daß er sich darob verwundert. Darinnen ist auch ein herrlich Castell oder Burg, so neu gebauet ist, welches vor allen anderen Gebäuen in Italia den Preis hat, der Höhe, Dicke und Weite halb mit mancherlei Zier der Türm, Gemäuer, Paläst und Schlafkammern. Dabei ein Berg liegt, Vesuvius genannt, der voller Weingärten, Ölbäum und etlicher anderer fruchtbarer Bäume, und solchem Wein, den man den griechischen Wein nennet, so herrlich und gut. Bald fällt ihm Venedig ein, verwundert sich, daß es ringsherum im Meer lag, da er denn alle Kaufmannswaar und Notdurft zur menschlichen Unterhaltung auf Schiffen dahin bringen sahe. Und verwundert ihn, daß in einer solchen Stadt, da schier garnichts wächst, dennoch ein solcher Überfluß ist. Er sahe auch die weiten Häuser und hohen Türm und die Zierde der Gotteshäuser mitten im Wasser gegründet und aufgerichtet. Weiters kommt er in Welschland gen Padua, die Schul da zu besichtigen. Diese Stadt ist mit einer dreifachen Mauer befestigt, mit mancherlei Gräben und umlaufenden Wassern, darinnen ist eine Burg und Feste, und sind

da mancherlei Gebäude, da es auch eine schöne Hauptkirchen hat und ein Rathaus, welches so schöne ist,
daß keins in der Welt diesem zu vergleichen sein soll.
Eine Kirchen, S. Anthonij genannt, ist allda, daß
ihresgleichen in ganz Italia nit gefunden wird. Fürder
kam er gen Rom, welches liegt bei einem Fluß, Tyberis
genannt, so mitten durch die Stadt fleußt. Jenseit der
rechten Seiten begreift die Stadt sieben Berg um sich,
und hat eilf Pforten oder Thore. Da ist Vaticanum,
ein Berg, darauf Sanct Peters Münster oder Tum ist.
Dabei liegt des Papstes Palast, welcher herrlich mit
einem schönen Lustgarten umfangen ist, dabei die
Kirchen Lateranensis, darinnen allerlei Heiltum bewahrt wird; sie ist auch Apostolische Kirch benannt,
welches gewiß eine köstliche und berühmte Kirchen in
der Welt ist. Desgleichen sahe er viel heidnische verworfene Tempel, item viel Säulen, Steigbogen, etc.,
welches alles zu erzählen zu lang wäre; also daß
D. Faustus sein Lust und Kurzweil dran sahe. Er kam
auch unsichtbar für des Papsts Palast, da sahe er
viele Diener und Hofschranzen, und die Gerichte und
Speisen, so man dem Papst auftrug, und so überflüssig,
daß Faust darnach zu seinem Geist sagte: „Pfui,
warum hat mich der Teufel nicht auch zu einem Papst
gemacht?" D. Faustus sahe auch darinnen alles seines
gleichen, als Übermut, Stolz, Hochmut, Vermessenheit, Fressen, Saufen, Hurerei, Ehebruch und alles
gottlose Wesen des Papstes und seines Geschmeißes,
also daß er hernach weiters sagte: „Ich meinte, ich
wäre ein Schwein oder Sau des Teufels, aber er muß
mich noch länger ziehen; diese Schweine zu Rom sind
gemästet, und alle zeitig zu braten und zu kochen."
Und dieweil er viel von Rom gehört, ist er mit seiner
Zauberei drei Tag und Nacht unsichtbar in des Papsts
Palast blieben, und hat der gute Herr Faustus seithero
nicht so viel gutes gegessen noch getrunken. Einmal
stund er unsichtbar vor dem Papst; wenn nun der

Papst essen wollt, so machet er ein Kreuz für sich: so oft das dann geschahe, blies D. Faustus ihm ins Angesicht. Einmal lachte D. Faustus, daß mans im ganzen Saal hörte, dann weinete er, als wenn es ihm Ernst wäre; und wußten die Aufwärter nicht, was das wäre. Der Papst beredete das Gesinde, es wäre eine verdammte Seele, die bäte um Ablaß, darauf ihr auch der Papst Buße auferlegte. D. Faustus lachte darob und gefiel ihm solche Verblendung wohl. Als aber die letzten Gerichte auf des Papstes Tisch kamen, und D. Faustum hungerte, hub er, Faustus, seine Hand auf, alsbald flogen ihm Gerichte und Speisen in die Hand mitsamt der Schüssel und er verschwand also damit samt seinem Geist auf einen Berg zu Rom, Capitolium genannt, und aß allda mit Lust. Er schickte auch seinen Geist wieder hin, der mußte ihm den besten Wein von des Papstes Tisch bringen, samt den silbernen Bechern und Kannen. Da nun der Papst solches alles gesehn, was ihm geraubt worden, hat er in derselbigen Nacht mit allen Glocken zusammen läuten lassen, auch Meß und Fürbitt für die verstorbene Seel lassen halten, und in großem Zorn den Faustum oder die verstorbene Seel in das Fegefeuer condemmniert und verdammt. D. Faustus hatte indeß gut fegen mit des Papstes Speis und Trank. Das Silbergeschirr aber hat man nach seinem Abschied hinter ihm funden. Als es nun Mitternacht ward, und Faustus sich von solcher Speis ersättiget hat, ist er mit seinem Geist wiederum in die Höhe aufgeflogen und gen Meyland kommen, welches ihn eine gesunde Wohnung deuchte, denn es ist daselbst keine unmäßige Hitze, auch sind da frische Wasser, und sieben gar schöne Seen, und viel andere schöne Wasser und Flüsse. Auch sind darinnen schöne feste wohlerbauete Tempel und königliche Häuser, doch altfränckisch. Ihm gefiel auch die hohe Burg mit ihren Festen, das köstliche Spital zu unsrer Frauen. Florentz besichtigt er auch, er verwundert sich dieses Bistums, der künstlichen Zier von schönen Schwibbogen und Gewölben zu S. Maria, der schönen gezierten Baumgärten, der Kirchen, so allda am Schloß liegt, mit schönen köstlichen Umgängen bekleidet, mit einem ganz marmelsteinernen Turm; das Thor, dadurch man geht, mit Glocken oder Erzspeis gemacht, darinnen die Historien des alten und neuen Testaments gegraben. Die Gegend um die Stadt trägt guten Wein, auch sind kunstreiche Leut und Handtierung darinnen. Item, kam er nach Lion in Franckreich, das liegt zwischen zweien Bergen, von zweien Flüssen umfangen. Dabei ein Tempel trefflicher Würdigkeit, daneben eine schöne Säul mit herrlichen gehauenen Bildern. Von Lion wendet er sich gen Cölln, am Rheinstrom gelegen, darin ist ein Stift, das hohe Stift genannt, da die drei König, so den Stern Christi gesucht, begraben liegen. Als D. Faustus solches sahe, sagte er: „O ihr gute Männer, wie seid ihr so irr gereiset, da ihr solltet gen Bethlehem in Judaea ziehen, und seid hierher kommen. Oder seid ihr vielleicht nach euerm Tod ins Meer geworfen, in den Rheinstrom geflößt, und zu Cölln aufgefangen und allda begraben worden?" Daselbst ist auch der Tempel zu S. Ursula, mit den 11 000 Jungfrauen. Sonderlich gefiel ihm da die Schönheit der Weiber. Nicht weit davon liegt die Stadt Aach, ein Stuhl des Kaisers, in dieser Stadt ist ein ganz marmelsteinerner Tempel, den der große Kaiser Carolus soll gebauet haben, und geordnet, daß alle seine Nachkommen die Krone darin sollten empfangen. Von Cölln und Aach wendet er sich wieder ins welsche Land gen Genff, die Stadt zu besichtigen, welche ist eine Stadt in Savoy, im Schweitzerland, eine schöne und große Gewerbstadt. Hat guten fruchtbaren Weinwachs und wohnt ein Bischof da. Er kam auch gen Straßburg, und hat D. Faustus erfahren, warum es Straßburg genannt wird; nämlich von der Menge der Wege, Eingäng und Straßen hat sie den

Namen bekommen. Von Straßburg kame er gen Basel in der Schweitz, da der Rhein schier mitten durch die Stadt rinnet. Wie ihm sein Geist berichtet, soll diese Stadt den Namen von einem Basilisken haben, der allda gewohnet hat. Die Mauer ist mit Ziegelsteinen gemacht und mit tiefen Gräben gezieret. Es ist auch ein weit fruchtbar Land, da man noch viel alter Gebäude siehet. Da ist auch eine hohe Schul; doch gefiel ihm keine schöne Kirch darinnen, denn das Carthäuser Haus. Von dannen kam er gen Costnitz, da ist eine schöne Brücken von der Stadtpforten über den Rhein gemacht. Der See dabei, sagt der Geist zu D. Fausto, ist 20 000 Schritt lang und 15 000 Schritt breit. Den Namen hat die Stadt von Constantino empfangen. Von Costnitz ging es gen Ulm; der Name Vlma ist vom Feldgewächs entsprungen. Dahin fleußt die Donaw, aber durch die Stadt geht noch ein anderer Fluß, die Blaw genannt. Ulm hat ein schönes Münster und Pfarrkirchen zu S. Maria, Anno 1377 angefangen, ein zierlich, köstlich und künstlich Gebäu, dergleichen kaum gesehen wird, darinnen sind 52 Altär und 52 Pfründen; so ist auch ein künstlich und köstlich Sacramenthaus darinnen. Als nun D. Faustus von Ulm wieder umkehren und weiter wollt, sagte sein Geist zu ihm: „Mein Herr, sehet die Stadt an, wie ihr wöllet, sie hat drei Grafschaften mit barem Geld an sich bracht und mit allen ihren Privilegien und Freiheiten erkauft." Von Ulm aus, als er mit seinem Geist in die Höhe kam, sahe er von fernen viel Landschaften und Städte, darunter auch eine große Stadt, und dabei ein großes und festes Schloß, dahin lenkt er sich, und es war Wirtzburg, die bischöfliche Hauptstadt in Francken; darneben der Fluß Mayn herfleußt. Da wächst ein guter, starker wohlschmeckender Wein, und ist auch sonsten von Getreide fruchtbar. In dieser Stadt hat es viel Orden, als Bettelorden, Benedictiner, Stephaner, Carthäuser, Johannser und Teutschen

Orden. Item, es hat allda drei carthäuserische Kirchen ohn die bischöfliche Tumkirchen. Auch 4 Bettelorden, 5 Frauenklöster, und zwei Spitäler. Auch eine Capelle zu S. Maria, die dann am Turm ein wunderbarlich Gebäu hat. D. Faustus, als er die Stadt überall besichtiget, ist er zu Nacht in des Bischofs Schloß auch kommen, hat es allenthalben besehen und allerlei Proviant darin funden. Als er nun die Felsen besahe, sieht er eine Capellen darein gehauen. Überdies hat er viel Keller gefunden in die Felsen gehauen, hat auch allerlei Wein gekostet und versucht und ist wiederum davon gefahren und gen Nürenberg kommen. Da sagt ihm der Geist unterwegen: „Fauste, wisse, daß Nürnberg der Name von Claudio Tyberio Nerone entspringt, und von Nero Nürnberg genannt worden." Darinnen sind zwei Pfarrkirchen, Sanct Sebold, der da begraben liegt, und S. Lorentz Kirchen, darinnen hangt des Kaisers Zeichen, als der Mantel, Schwert, Scepter, Apfel und Kron des großen Kaisers Caroli. Es hat auch darinnen einen schönen übergüldten Brunnen, so auf dem Markt steht, der schöne Brunn genannt, darinnen ist oder soll sein der Speer, so Longinus Christo in die Seiten gestochen, und ein Stück vom H. Creutz. Diese Stadt hat 528 Gassen, 116 Schöpfbrunnen, 4 großer und zwei kleiner Schlaguhrn, 6 großer Thore, und zwei kleiner Thörlin, 11 steinern Brücken, 12 Berge, 10 geordnete Märkt, 13 gemeiner Badstuben, 10 Kirchen, darin man predigt. In der Stadt hat es 68 Mühlräder, so das Wasser treibt, 132 Hauptmannschaft, 2 große Ringmauern und tiefe Gräben, 380 Türme, 4 Basteien, 10 Apotheken, 68 Wächter, 24 Schützen oder Verräter, 9 Stadtknecht, 10 Doctores in jure, und 14 in medicina. Von Nürnberg gen Augspurg, da er Morgens frühe, da der Tag erst anbrach, hinkame; fraget er seinen Diener, wo Augspurg seinen Namen her habe. Er sprach: „Augspurg die Stadt hat etliche Namen gehabt, dann sie erstlich, da sie erbauet, Vindelica ist genannt worden, darnach Zizaria, dann Eysenburg, und endlich von Augusto Octaviano dem Kaiser Augusta genannt worden." Und dieweil D. Faustus sie zuvor auch schon gesehen, ist er vorüber gefahren und hat sich gewendt gen Regenspurg. Dieweil D. Faustus hier auch vorüber wollte reisen, sagt der Geist zu ihm: „Mein Herr Fauste, dieser Stadt hat man sieben Namen gegeben, als nämlich Regenspurg, den Namen, den sie noch hat, sonst Tyberia, Quadrata, Hyaspolis, Reginopolis, Imbripolis, und Ratisbona. Das ist: erstlich Tyberii Augusti Sohnes Stadt, zum zweiten die viereckete Stadt, zum dritten wegen der groben Sprach der nächsten Nachbarschaft, zum vierten Königs-Burg, zum fünften Regensburg, zum sechsten von den Flößen und Schiffen daselbsten." Diese Stadt ist fest, stark und wohl erbaut, bei ihr läuft die Donaw, in welche bei 60 Flüß kommen, schier alle schiffreich. Da ist Anno 1115 eine künstliche berühmte gewölbte Brücke aufgerichtet worden, wie auch eine Kirch, die zu rühmen ist, zu S. Remigien, ein künstlich Werk. D. Faustus ist aber bald wieder fortgeruckt und hat sich nicht lang allda gesäumt, doch hat er einen Diebstahl gethan und einem Wirt zum hohen Busche den Keller besucht. Darnach hat er sich gewendt und ist kommen gen München ins Beyerland, ein recht fürstlich Land. Die Stadt ist neu anzusehen, mit schönen weiten Gassen und wohlgezierten Häusern. Von München ging es gen Saltzburg, einer bischöflichen Stadt im Beyerland, welche auch anfangs etliche Namen gehabt. Diese Gegend hat Weiher, ebene Bühel, See und Berge, davon sie Waidvögel und Wildpret bekommen. Von Saltzburg gen Wien in Österreich. Die Stadt sah er schon von ferne, und wie ihn der Geist berichtete, soll nit bald eine ältere Stadt erfunden sein, und soll von Flavio, dem Landvogt, also genennet sein. Diese Stadt hat einen großen weiten

Graben mit einem Vorschutt, hat auch im Umkreis der Mauern 300 Schritt und wohl befestiget. Die Häuser sind gemeiniglich alle gemalt, und neben der kaiserlichen Wohnung ist eine hohe Schul aufgericht. Diese Stadt hat zur Obrigkeit nur 18 Personen. Item, man braucht zum Weinlesen 1200 Pferd. So hat diese Stadt auch weite ungegründete Keller, die Gassen sind mit harten Steinen, die Häuser mit lüstigen Gemachen und Stuben, weit an Stallungen und sonst mit allerlei Gezierden. Von Wien reiset er in die Höhe und sieht von der Höhe herab eine Stadt, die doch fern lag, das war Prag, die Hauptstadt in Böhem, diese Stadt ist groß und in drei Teil geteilet, nämlich Alt-Prag, Neu-Prag, und Klein-Prage, Klein-Prag aber begreift in sich die linke Seiten, und den Berg, da der königliche Hof ist, auch S. Veit, die bischöfliche Tumkirchen. Alt-Prag liegt in der Ebene, mit großen gewaltigen Gräben geziert. Aus dieser Stadt kommt man zur kleinen Stadt Prag über eine Brücken, diese Brücke hat 24 Schwibbogen. So ist die neue Stadt von der alten Stadt durch einen tiefen Graben abgesondert, auch ringsum mit Mauern verwahrt. Daselbst ist das Collegium der hohen Schule. Die Stadt ist sonst mit einem Wald umfangen. D. Faustus reiset auf Mitternacht zu und siehet wieder ein andere Stadt, und da er sich aus der Höhe herabließ, war es Crackaw, die Hauptstadt in Polen, und ist eine schöne und gelehrte Schule allda. Sie ist die königliche Wohnung in Polen und hat von Craco, dem polnischen Herzogen, den Namen empfangen. Diese Stadt ist mit hohen Türmen, auch mit Schütt und Gräben umfangen; derselben Gräben sind etliche mit Fischwassern umgeben. Die Stadt hat sieben Pforten und viel schöner großer Gotteshäuser. Diese Gegend hat große mächtige hohe Felsen und Berge, darauf sich D. Faustus herunter gelassen, deren einer so hoch ist, daß man meinet, er halte den Himmel auf; allda D. Faustus auch in die

Stadt hat sehen können. Ist also in diese Stadt nicht eingekehret, sondern unsichtbar um die Stadt herumgefahren. Von diesem Bühel, darauf D. Faustus etliche Tag geruhet, begiebt er sich wieder in die Höhe, gen Orient zu, und reisete vorüber an viel Königreichen, Städten und Landschaften. Wandelte also auch auf dem Meer etliche Tage, da er nichts dann Himmel und Wasser sahe, und kam endlich in Thraciam oder Griechenland, gen Constantinopel, das jetzund der Türck Teucros nennet; allda der türkische Kaiser Hof hält, und vollbracht daselbst viel Abenteuer, wie hernach etlich erzählt werden, so er dem türckischen Kaiser Solimanno zugefügt. Constantinopel hat ihren Namen von dem großen Kaiser Constantino. Diese Stadt ist mit weiten Zinnen, Türmen und Gebäuden aufgericht und gezieret, daß mans wohl neu Rom mag nennen, und fleußt neben an beiden Orten das Meer. Die Stadt hat eilf Pforten und drei königliche Häuser oder Wohnungen. D. Faustus besahe etliche Tage des türckischen Kaisers Macht, Gewalt, Pracht und Hofhaltung. Und auf einen Abend, als der türckische Kaiser über der Tafel saß und aße, macht ihm D. Faustus ein Affenspiel und Abenteuer, denn in des Kaisers Saal herum gingen große Feuerströme auf, daß ein jeglicher zulief zu löschen. Indem auch hub es an, zu donnern und zu blitzen. Er verzauberte auch den türckischen Kaiser so sehr, daß er weder aufstehen oder man ihn von dannen tragen konnt. Indem wurde der Saal so hell, als wann die Sonnen darinnen wohnete, und D. Fausti Geist trat in Gestalt, Zierd und Schmuck eines Papsts vor den Kaiser und spricht: „Gegrüßet seist du, Kaiser, der du gewürdiget, daß ich, dein Mahomet, vor dir erscheine." Mit solchen kurzen Worten verschwand er. Der Kaiser fiel nach dieser Bezauberung auf die Knie nieder, ruft also seinen Mahomet an, lobt und preißt ihn, daß er ihn so gewürdiget, und vor ihm erschienen wäre. Morgens

am anderen Tage fuhr D. Faustus in des Kaisers
Schloß ein, darinnen er seine Weiber und Hurn hat
und niemand daselbst innen wandeln darf, als ver-
schnittene Knaben, so dem Frauenzimmer aufwarten.
Dieses Schloß verzauberte er mit einem solchen dicken
Nebel, daß man nichts sehen konnte. D. Faustus nun,
wie zuvor sein Geist, nahm solche Gestalt und Wesen
an, und gab sich für den Mahomet aus, wohnet also
sechs Tag in diesem Schloß, so war der Nebel so lang
da, als lang er da wohnete. Wie auch der Türck diesmal sein Volk vermahnete, die Zeit mit viel Ceremo-
nien zu begehen. D. Faustus, der aß, trank, war gutes
Muts, hatte seinen Wollust; und nachdem er solches
vollbracht, fuhr er im Ornat und Zierde eines Papsts
in die Höhe, daß ihn männiglich sehen konnte. Als
nun D. Faustus wiederum hinweg und der Nebel ver-
gangen war, hat sich der Türck in das Schloß verfüget,
seine Weiber gefordert und gefragt, wer allda gewesen
wäre, daß das Schloß so lang mit einem Nebel umgeben gewest. Sie berichten ihn, es wäre der Gott
Mahomet gewest, und wie er zu Nacht die und die
gefordert, sie beschlafen, und gesagt: es würde aus
seinem Samen ein groß Volk und streitbare Helden
entspringen. Der Türck nahm solches für ein groß Geschenk an, daß er ihm seine Weiber beschlafen. Fraget
auch hierauf die Weiber, ob er auch eine gute Prob,
als er sie beschlafen, bewiesen? Ob es menschlicher
Weise wäre zugegangen? Ja, antworteten sie, es wäre
also zugegangen, er hätt sie geliebet, gehälset, und wäre
mit dem Werk wohl gestaffieret, sie wollten solches
alle Tage annehmen. Zudem, so wäre er nackend bei
ihnen geschlafen und in Gestalt eines Mannsbilds, allein
seine Sprach hätten sie nit verstehen können. Die
Priester beredeten den Türcken, er sollte es nicht glauben, daß es der Mahomet wäre, sondern ein Gespenst.
Die Weiber aber sagten: „Es seie ein Gespenst oder
nit, er hätte sich freundlich zu ihnen gehalten, und zu

Nacht einmal oder sechs und je mehr sein Prob meisterlich bewiesen, und wäre in Summa wohl gestaffieret etc." Solches machte dem türckischen Kaiser viel Nachdenkens, daß er in großem Zweifel stunde.

D. Faustus wendet sich gegen Mitternacht zu in die große Hauptstadt Alkair, die vormals Chayrum oder Memphis genannt worden, darinnen der egyptische Soldan sein Schloß oder Hofhaltung hat. Da teilet sich der Fluß Nilus in Egypten, ist der größte Fluß in der ganzen Welt, und so die Sonne im Krebs geht, so begeußt und befeuchtigt er das ganze Land Egypten. Darnach wendet er sich wieder gegen Aufgang und mitternachtwärts, gen Ofen und Sabatz in Ungern. Ofen, diese Stadt ist und war die königliche Hauptstadt in Ungern, dies ist ein fruchtbar Land, allda hat es Wasser: wenn man Eisen darein senkt, so wird es zu Kupfer. Es hat Gruben allda von Gold, Silber und allerlei Metall. Die Stadt nennen die Ungern Start, welches auf deutsch Ofen genannt wird. Ist eine große Feste und mit einem trefflich schönen Schloß geziert. Von dannen wandte er sich gen Magdeburg und Lübeck in Sachssen. Magdeburg ein bischöflicher Stuhl, in dieser Stadt ist der sechs Krüge einer aus Cana in Galilea, darinnen Christus Wein aus Wasser machte. Lübeck ist auch ein bischöflicher Stuhl in Sachssen. Von Lübeck kam er in Thüringen gen Erfurt, da eine hohe Schul ist. Von Erfurt wendet er sich wiederum auf Wittenberg zu, und kam also, da er anderthalb Jahr außen war, wieder heim, und hatte also viel Landschaften gesehen, so nit alle zu beschreiben sind.

### Vom Paradeiß.

Doctor Faustus, als er in Egypten war, allda er die Stadt Alkair besichtiget und in der Höhe über viel Königreich und Länder reisete, als Engelland, Hispaniam, Franckreich, Schweden, Poln, Dennemarck, Indiam, Aphricam, Persiam, ist er auch in Morenland kommen, ist darneben immerdar auf hohen Bergen, Felsen und Insuln geländet und geruht. Ist sonderlich auch in dieser fürnehmen Insel Britannia gewest, darin viel Wasserflüß, warme Brunnen, und Menge der Metalle sein, auch der Stein Gottes und vieles andere, so D. Faustus mit sich heraus gebracht. Orchades sind Inseln des großen Meers, innerhalb Britannia gelegen, und sind deren 23 in der Zahl, deren 10 sind wüst und 13 wohnhaft. Caucasus, zwischen India und Scythia, ist die höchste Insel mit ihrer Höhe und Gipfel, von da aus D. Faustus viel Landschaft und Weite des Meers übersehen. Allda sind so viel Pfefferbäume wie bei uns die Wachholderstauden. Creta, die Insel in Griechenland, liegt mitten im Candischen Meer, den Venedigern zuständig, da man Malvasier machet. Die Insel ist voller Geißen und mangelt der Hirschen. Sie gebiert kein schädlich Tier, weder Schlangen, Wölf noch Füchs, allein große giftige Spinnen werden allda gefunden. Diese und viel andere Inseln mehr, die ihm der Geist Mephostophiles all erklärt und gewiesen, hat er ausgespähet und besehen. Und damit ich ad propositum komme, ist dies die Ursach gewest, daß D. Faustus sich auf solche Höhen gethan: nit allein, daß er von dannen etliche Teile des Meers und die umliegenden Königreich und Landschaften übersähe, sondern er vermeinet, dieweil etliche Insuln mit ihren Gipfeln so hoch seien, wolle er auch endlich das Paradeiß sehen können, dann er hat seinen Geist nit darum angesprochen noch darum ansprechen dürfen. Und sonderlich bei der Insel Caucasj, welche mit ihrem Gipfel und Höhe alle andere Inseln übertrifft, hat er vermeinet, es sollt ihm nit fehlen, das Paradeiß zu sehen. Von diesem Gipfel der Insel Caucasj siehet er gar das Land Indiam und Scythiam; und gegen Aufgang sahe er bis hinauf zu der mitternächtig Linien eine Helle, gleichwie eine hellscheinende Sonne, einen Feuerstrom gleich einem Feuer aufgehen von der Erden bis an den Himmel, gleich einer hohen Insel auf der Erde umschränkt und abgegrenzt. Er sahe auch in dem Thal und auf dem Lande vier großer Wasser springen, eins gegen Indien zu, das ander gegen Egypten, das dritte gegen Armenien, und das vierte auch dahin. Er hätte gern dieses Gesichtes Fundament und Ursprung gewußt, derhalben er ihm fürnahme, den Geist darum zu fragen. Das thät er, doch mit erschrockenem Herzen, und fragt also seinen Geist, was es wäre. Der Geist gab ihm gute Antwort und sagt: Es wäre das Paradeiß, so da läge gegen Aufgang der Sonnen, ein Garten, den Gott gepflanzet hätte mit aller Lustbarkeit; und dieser feurige Strom wäre die Mauer, so Gott dahin gelegt, den Garten zu verwahren und zu umschränken. „Dort aber" sagte er weiter „siehst du ein überhelles Licht, das ist das feurige Schwert, mit welchem der Engel diesen Garten verwahrt. Und hast noch so weit dahin, als du immer je gewest bist; du hättest es in der Höhe besser sehen können, hast es aber nit wahrgenommen. Dies Wasser, so sich in vier Teil zerteilet, sind die Wasser, so aus dem Brunnen, der mitten im Paradeiß steht, entspringen, als mit Namen Ganges oder Phison, Gion oder Nilus, Tygris und Euphrates, und siehest jetzt, daß es unter der Wag und Widder liegt, reicht bis an den Himmel, und auf diesen feurigen Mauern ist der Engel Cherubin mit dem flammenden Schwert, solches alles zu verwahren geordnet. Aber weder du, noch ich, noch kein Mensch, kann dazu kommen."

## Von einem Cometen.

Zu Eißleben ist ein Comet gesehen worden, der wunder groß war. Da fragten etliche seiner guten Freund

Faustum, wie das zuginge. Antwort er ihnen und sagt: „Es geschicht oft, daß sich der Mond am Himmel verwandelt, und die Sonne unterhalb der Erden ist. Wann dann der Mond nahe hinzu kommt, ist die Sonne so kräftig und stark, daß sie dem Mond seinen Schein nimmt, daß er aller rot wird. Wann nun der Mond wiederum in die Höhe steigt, verwandelt er sich in mancherlei Farben, und springt ein Prodigium vom Höchsten daraus, wird alsdann ein Comet; und sind der Figur und Bedeutung, die Gott verhängt, mancherlei. Einmal bringt es Aufruhr, Krieg oder Sterben im Reich, als Pestilenz, jähen Tod, und andere Seuchen. Item, Wassergüß, Wolkenbrüch, Brunst, Teuerung, und dergleichen. Durch solche Zusammenfügungen und Verwandlungen des Monds und der Sonnen wird ein Monstrum, als ein Comet, da dann die bösen Geister, so die Verhängnuß Gottes wissen, mit ihren Instrumenten gerüst sind. Dieser Stern ist gleichwie ein Hurenkind unter den anderen, da der Vater ist, wie oben gemeldet, Sol et Luna."


*Von den Sternen.*


Ein fürnehmer Doctor zu Halberstadt lude D. Faustum zu Gast, und ehe das Essen zugerüst war, sah er ein Weil zum Fenster hinaus an Himmel, der dann dazumal als im Herbst voller Sterne war. Und dieser Doctor war ein Medicus, darneben ein guter Astrologus, und hatte darum den Faustum berufen, daß er etliche Verwandlung der Planeten und Sterne von ihm erkündigen möchte. Lehnet sich derhalben zu D. Fausto in das Fenster, sah die Hell des Himmels und wie sich die Stern butzten und herab fielen. Da fragte er D. Faustum, was es für ein Condition und Gelegenheit damit habe. D. Faustus antwortet: „Mein Herr und lieber Bruder, Ihr wisset zuvor, daß der kleinest

Stern am Himmel, so uns hier unten kaum wie unsre große Wachslichter gedünket, größer ist als ein Fürstentum. So ist gewiß, wie ichs auch gesehen hab, daß die Weite und Breite des Himmels größer ist denn zwölf Erdboden. Und obgleich am Himmel kein Erden zu sehen ist, so ist mancher Stern größer denn dies Land, einer so groß als die Stadt, jenseit ist einer so groß als das Gezirke des römischen Reichs, dieser so groß als die Türckey; und die Planeten, da ist einer so groß als die ganze Welt."

### Eine Frage von Gelegenheit der Geister / so die Menschen plagen.

„Das ist wahr" saget dieser Doctor „mein Herr Fauste; wie hat es aber ein Gestalt um die Geister, dieweil man spricht, daß sie nicht allein zu Tag, sondern auch zu Nacht die Menschen plagen?" Antwort D. Faustus: „Die Geister, dieweil sie der Sonnen nicht unterworfen sein, so wohnen und wandeln sie unter dem Gewölk, und je heller die Sonne scheint, je höher haben die Geister ihre Wohnung; denn das Licht und der Schein der Sonnen ist ihnen von Gott verboten, und nicht gegönnt noch zugeeignet. Aber zu Nacht, da es gestickt finster ist, wohnen sie unter uns Menschen. Denn die Helle der Sonnen, ob sie schon nicht scheint, macht den ersten Himmel so hell wie der Tag, also daß in der Dicke der Nacht, ob schon die Sterne nicht scheinen, dennoch wir Menschen den Himmel ersehen können. Daher denn folget, daß die Geister, dieweil sie den Anblick der Sonnen, welche in die Höhen aufgestiegen, nit erdulden noch erleiden können, sich nahe zu uns auf die Erden thun, bei uns Menschen wohnen, dieselben mit schweren Träumen, Schreien und Erscheinen grausamer und erschrecklicher Gestalt ängstigen. Also, wann ihr im Finstern ohne ein Licht hinausgeht, so fällt euch viel Schrecken zu. So habt ihr bei Nacht auch viel Phantaseien, welches bei dem Tag nicht geschiehet. Zudem, so erschrickt einer im Schlaf, meinend, es sei ein Geist bei ihm, er greife nach ihm, gehe im Hause oder im Schlaf um, und andres dergleichen. Dieses alles begegnet uns darum, dieweil uns die Geister des Nachts nahe seind, und uns mit allerlei Bethörung und Verblendung ängstigen und plagen."

### Eine Frage von den Sternen / so auf die Erden fallen.

„Um der Stern Wirkung, so sie leuchten und herabfallen auf die Erden, ist es nichts neues, sondern begiebt sich alle Nacht. Wann es nun also Funken oder Flammen giebt, seind es Zeichen, so von den Sternen fallen; oder wir nennens Butzen, die seind zäh, schwarz und halb grünlicht. Aber daß ein Stern fallen sollt, ist allein der Menschen Gedünken, und siehet man oft einen großen Feuerstrom bei Nacht herab fallen, das seind nicht, wie wir vermeinen, fallende Stern. Dann ob wohl ein Butzen viel größer ist als der ander, so kommt das daher, daß auch die Stern einander ungleich sein. Und fällt kein Stern ohne Gottes sonderliche Verhängnuß vom Himmel, es wölle denn Gott Land und Leut strafen; alsdann bringen solche Stern das Gewölk des Himmels mit sich, dadurch folget groß Gewässer, oder Brunst, und Verderbung von Land und Leut."

### Vom Donner.

Im Augustmonat war zu Wittenberg Abends ein großes Wetter entstanden, daß es kisselte und wetterleuchtet. Doctor Faustus stunde ob dem Markt bei andern Medicis, die begehrten von ihm Ursach und

Gelegenheit dieses Wetters zu wissen. Denen gab er Antwort: „Ist dem nicht also: zu Zeiten, wann ein Wetter einfallen will, so wird es zuvor windig, aber letztlich, wenn es ein Weil gewittert hat, erheben sich große Platzregen. Solches kommt daher, daß die vier Wind des Himmels zusammenstoßen. Die treiben das Gewölk zusammen oder bringen das Gewölk erst daher, und mischet sich also an einem Ort ein Regen oder schwarz Gewölk; wie denn da auch zu sehen, daß über die Stadt so ein schwarz Gewölk gehet. Darnach, wenn das Gewitter sich erhebt, mischen sich die Geister darunter und fechten mit den vier Orten des Himmels, also daß der Himmel die Stöße erweckt, und das nennen wir Donnern oder Poltern. Wann dann der Wind so groß ist, will der Donner nirgend fort, stehet an; oder aber es treibet geschwind fort. Darnach so merket, an welchem End sich der Wind erwecket, der treibet das Gewitter, also daß oft von dem Mittag ein Gewitter daher kommt, je im Aufgang, Niedergang und Mitternacht."

## FOLGT DER DRITT UND LETZTE TEIL
## VON D. FAUSTI ABENTEUER /

*was er mit seiner Nigromantia an Potentaten-Höfen gethan und gewirket. Letztlich auch von seinem jämmerlichen erschrecklichen End und Abschied.*

### Ein Historia von D. Fausto und Kaiser Carolo Quinto.

Kaiser Carolus der fünft dieses Namens war mit seiner Hofhaltung gen Innßbruck kommen, dahin D. Faustus sich auch verfügt. Er ward von vielen Freiherrn und Adelspersonen, denen seine Kunst und Geschicklichkeit wohl bewußt, sonderlich solchen, so er mit Arznei und Recepten von vielen namhaften

Schmerzen und Krankheiten geholfen, gen Hof zum Essen geladen und berufen. Da sie ihm das Geleit dahin gaben, ersah ihn Kaiser Carolus und fragt ihm nach, wer er sei. Da ward ihm angezeigt, es wäre D. Faustus; darauf der Kaiser schwiege bis nach Essens Zeit. Dies war im Sommer nach Philippi und Jacobi. Darnach forderte der Kaiser den Faustum in sein Gemach, hielt ihm vor, wie ihm bewußt, daß er ein Erfahrener der schwarzen Kunst wäre und einen Wahrsagergeist hätte; es wäre derhalben sein Begehr, daß er ihn eine Prob sehen lassen wollt, es sollte ihm nichts widerfahren, das verhieße er ihm bei seiner kaiserlichen Krone. Darauf D. Faustus Ihrer Kaiserlichen Majestät unterthänigst zu willfahren sich anbot. „Nun, so höre mich" sagt der Kaiser, „daß ich auf eine Zeit in meinem Lager in Gedanken bin gestanden, wie vor mir meine Voreltern und Vorfahren in so hohen Grad und Autorität gestiegen gewesen, daß ich und meine Nachkommen es nicht erreichen möchten, und sonderlich, daß in aller Monarchei der großmächtige Kaiser Alexander Magnus ein Lucern und Zierde aller Kaiser gewesen, wie aus den Chroniken zu befinden; da er großen Reichtum, viel Königreich und Herrschaften unter sich gebracht, welches mir und meinen Nachkommen wieder zu Wegen zu bringen zu schwer fallen wird. Demnach ist mein gnädiges Begehren, mir sein, Alexanders und seiner Gemahlin, Form, Gestalt, Gang, Gebärde, wie sie im Leben gewesen sein, fürzustellen, damit ich spüren möge, ob du ein erfahrener Meister in deiner Kunst seist." „Allergnädigster Herr" sagt Faustus „um Eurer Kaiserlichen Majestät Begehren, die Person Alexandri Magni und seines Gemahls zu sehen, wie sie bei ihren Lebzeiten gewesen, unterthänigst Folg zu thun, will ich dieselbige, so viel ich von meinem Geist vermag, sichtbarlich erscheinen lassen; doch sollen Ew. Maj. wissen, daß ihre sterbliche Leiber nicht von den Toten auferstehen oder gegenwärtig sein können, welches denn unmöglich ist. Aber die uralte Geister, welche Alexandrum und sein Gemahl gesehen, die können solche Form und Gestalt an sich nehmen, und sich darein verwandelen, durch dieselbige will ich Ihro Kais. Maj. Alexandrum wahrhaftig sehen lassen." Darauf Faustus aus des Kaisers Gemach ging, sich mit seinem Geist zu besprechen. Nach diesem ging er wieder zum Kaiser hinein, zeigt ihm an, wie er ihm hierinnen willfahren wollte, jedoch mit dem Beding, daß Ihre Kais. Maj. ihn nichts fragen, noch reden wollten: welches ihm der Kaiser zusagte. D. Faustus thäte die Thür auf, alsbald ging Kaiser Alexander hinein, in aller Form und Gestalt, wie er im Leben ausgesehen. Nämlich ein wohlgesetztes dickes Männlein, roten oder falben dicken Barts, rot Backen und eines strengen Angesichts, als ob er Basiliskenaugen hätt. Er trat hinein in einem ganzen vollkommenen Harnisch zum Kaiser Carolo und neigt sich ihm mit einer tiefen Reverenz. Der Kaiser wollt auch aufstehn und ihn empfangen, aber D. Faustus wollte ihm solches nicht gestatten. Bald darauf, nachdem sich Alexander wieder neiget und zur Thür hinausging, gehet gleich sein Gemahl gegen ihm herein, die thät dem Kaiser auch Reverenz; sie ging in einem ganzen blauen Sammet, mit gülden Stücklein und Perlen geziert, sie war auch überaus schön und rotbacket, wie Milch und Blut, länglicht und eines runden Angesichts. Indem gedachte der Kaiser: „Nun hab ich zwo Personen gesehen, die ich lang begehrt habe, und kann nicht wohl fehlen, der Geist wird sich in solche Gestalt verwandelt haben und mich nicht betriegen, gleich dem Weib, das Saul den Propheten Samuel auferwecket hat". Und damit der Kaiser solches desto gewisser erfahren möchte, gedachte er bei ihm: „Nun hab ich oft gehört, daß sie hinten am Nacken eine große Warzen gehabt" und ging hinzu, zu besehen, ob

solche auch an ihr zu finden, und fand also die Warzen, denn sie ihm wie ein Stock stille hielte, und hernacher wiederum verschwand. Hiemit war dem Kaiser
sein Begehren erfüllt.

### Von einem zugerichten schönen Saal.

Als der Kaiser ihm diese Besichtigung der erscheinen-
den Geister hat wohlgefallen lassen und sich gnädigst
gegen den D. Faustum mit Verehrung erkennt, hat
sich D. Faustus auch wiederum gegen ihm dankbarlich
verhalten. Denn als der Kaiser des Nachts in seinem
Saal zur Ruhe und Schlafen ging, und aber des Morgens erwachte, konnte er sich nicht besinnen, wo er
doch wäre. Denn in dem Saal stunden viel schöne
lustige Bäume, von schönen Maien; die andern waren
behängt mit vielerlei Kirschen und anderem Obst;
herum waren gepflanzt von roten, weißen, leibfarben
und gelben Rosenstöcken, die gaben einen herrlichen
Geruch; auf dem Krems und Sims herum stunden von
allen denkwürdigen Blümlein; inwendig am Bett hin-
gen eitel zeitige Trauben. Diese Zier der Kammer sahe
der Kaiser ganz begierlich an, und bewegt ihn, daß er
desto länger im Bett liegen blieb. Darnach stund er
auf, thät seinen Nachtrock an, und satzt sich auf seinen Stuhl. Indem hört er den schönsten Gesang von
Nachtigallen und andern Vögeln, die von einem Baum
zum andern hüpften, auch sah er laufende Kaninchen
und junge Hasen. In solchem Lustgarten überzog ein
Gewölk das obere Tafelwerk. Als nun der Kaiser zu
lang im Saal verzoge, gedachten die Kämmerling, es
wäre etwan Ihrer Kais. Maj. etwas widerfahren, und
klopften vor dem Gemach. Der Kaiser ließ sie herein,
den herrlichen Lust zu sehen, ließ auch andere Fürsten
an seinen Hof berufen, daß männiglich sich ob solchem Werk verwunderte. Darauf das Gewächs und

die Blätter allenthalben an den Bäumen anfingen zu
verdorren, und kam ein Wind, der wehte und bließ es
ab, also daß es alles vor ihren Augen verschwand. Indem fiel dem Kaiser ein, es wird D. Faustus dieser
Gärtner sein, und mir zu Lust zugerichtet haben.
Forscht derhalben darnach, ob D. Faustus noch zu
Hof wäre. Man zeigt ihm an, es sei also, derowegen
ließ er ihn berufen und fragen, ob er der Meister dieses Werkes sei. Er antwortet: „Ja, allergnädigster
Herr, Ew. Kais. Majestät hat mich mit stattlicher
Verehrung bedacht, dargegen ich mich, doch gering
genug, hab müssen dankbar erzeigen, darob Ew. Kais.
Majestät ein Wohlgefallen hat getragen.‟

### Von einem schönen Gewölk.

Auf solch Wohlgefallen des Kaisers fährt Faustus weiter zu. Als Ihre Kais. Majestät des Abends hat lassen
ein groß Bankett zurichten, und die Herren und das
Frauenzimmer waren zu Tisch gesessen, und ihre
Fröhlichkeit hatten, da rauscht in des Kaisers Saal
und Gemach ein Gewölk hinein, gleich einem strengen
Wasser, gar trüb, das also anhub zu regnen. Das Gewölk zertrennt sich darauf mit Vermischung weiß und
blau, also daß herrlich zuzusehen war. Darauf ließen
sich die Stern sehen, und da alsbald der Himmel ganz
blau war, erschienen die Sterne noch heller, daß man
auch den Vollmond sahe; dann so überlief das Gewölk sich wieder und thät darunter einen Sonnenblick.
Auf solches ging gegen des Kaisers Tafel zu ein
schöner Regenbog, der verging auch, und lief das Gewölk durch einen Wind hinweg. Als nun der Kaiser
aufstund, erschien wieder ein trübes Gewölk, da es denn
anfing zu donnern und zu blitzen, und fing an zu regnen
und zu kisslen, daß alle, so dieser Kurzweil zusahen, aus
dem Saale liefen; und verlor und endet sich das Werk.

73

## D. Faustus zauberte einem Ritter ein Hirschgeweih auf den Kopf.

Als D. Faustus dem Kaiser sein Begehren wie gemeldt erfüllet, hat er sich Abends, nachdem man gen Hof zu Tisch geblasen, auf eine Zinne gelegt, das Hofgesind aus- und eingehen zu sehen. Da siehet nun Faustus hinüber in der Ritter Losament, und sieht Einen schlafend im Fenster liegen. Die Person mit Namen hab ich nicht melden wollen, denn es ein Ritter und geborener Freiherr war. Zaubert ihm also durch Hilf seines Geistes Mephostophiles ein Hirschgeweih auf den Kopf. Als er nun erwachte und den Kopf unter dem Fenster neigte, empfand er die Schalkheit. Wem ward banger denn dem guten Herrn? Denn die oberen Fenster waren verschlossen und konnte er mit seinem Hirschgeweih weder hinter sich noch für sich. Welches der Kaiser wahrnahm, und darüber lacht und ihm wohl gefallen ließe; bis endlich D. Faustus ihm die Zauberei wiederum auflösete.

## Wie sich gemeldter Ritter an D. Fausto wieder rächen wollte, es ihm aber mißlunge.

D. Faustus nahm seinen Abschied von Hofe, da ihm neben der Kaiserlichen und anderer mehr Schenkung aller guter Wille war bewiesen worden. Als er nun auf anderthalb Meil Wegs gereiset, nimmt er sieben Pferd in einem Wald haltend gewahr, die auf ihn streifeten. Es war aber der Ritter, dem das Abenteuer mit dem Hirschgeweih zu Hof widerfahren. Sie erkannten Faustum, darum eileten sie mit Sporenstreichen und aufgezogenen Hahnen auf ihn zu. D. Faustus nimmt solches wahr, thut sich in ein Hölzlein hinein, und rennet bald wiederum auf sie heraus. Alsbald nehmen sie acht, daß das ganze Hölzlein voller geharnischter Reuter war, die auf sie renneten. Derhalben mußten sie das Fersengeld geben, wurden aber nichtsdestoweniger aufgehalten und umringet. Sie mußten D. Faustum um Gnad bitten, der ließ sie los und verzauberte sie, daß sie alle Geißhörner an der Stirn hatten, einen Monat lang, die Gäul aber mit Kühhörnern; das war ihre Straf. Und wurde also des Ritters mächtig mit seinen verzauberten Reutern.

### Dem D. Fausto begegnet zum andern Male sein Feind / dem er an des Kaisers Hofe ein Hirschgeweih aufgezaubert hat.

D. Faustus reiset gen Eißleben. Als er nun halben Wegs gereiset, sieht er von ungefähr sieben Pferd daher stoßen. Den Herrn kennt er, daß es der Freiherr war, dem er, wie obgemeldet, an des Kaisers Hof ein Hirschgeweih an die Stirne gezaubert hatte. Der Freiherr kannte D. Faustum auch gar wohl, derhalben er seine Knecht ließ still halten; welches D. Faustus gar bald merkte, was er vorhatte, und sich deswegen auf eine Höhe thät. Als solches der Freiherr sahe, ließ er auf ihn zu rennen mit Befehl, kecklich auf ihn zu schießen. Derohalben sie desto besser drauf druckten, ihn zu erreichen; er ward aber bald wiederum aus ihrem Gesicht verlorn, denn er sich unsichtbar gemacht hatte. Der Freiherr ließ auf der Höhe still halten, ob er ihn wieder in das Gesicht bringen möcht; da hörte er unten im Wald ein groß Pfeiffen mit Posaunen, Trometen, Trummeln und Heerpauken, Blasen und Schlagen, sahe auch etliche hundert Pferd auf ihn streifen, er aber gab das Fersengeld. Als er nun neben dem Berg hin wollt, stund ein groß Kriegsvolk im Harnisch, so auf ihn dar wollte, da wandte er sich auf einen andern Weg; bald sah er gleichfalls viel reisiger Pferde, derhalben er sich abermals auf ein ander Seiten begeben mußte; da er wiederum wie zuvor eine Schlachtordnung sahe, daß ihm also dieses einmal oder fünf begegnete, so oft er sich an einen anderen Ort hat gewandt. Als er nun sahe, daß er nirgend hinaus konnte, und sahe, daß man auf ihn streifete, so rennt er in das Heer hinein, was Gefahr ihm gleich daraus entstehen möchte, und fraget, was die Ursach wäre, daß man ihn allenthalben umgeben habe. Aber niemand wollt ihm Antwort geben, bis endlich Faustus herfür zu ihm ritt und begehrt, daß er sich sollt gefangen geben; wo nicht, so werde man mit ihm nach der Schärfe verfahren. Der Freiherr vermeint nicht anders denn es wäre eine Mannschaft, oder natürlich Fürhaben einer Schlacht, so es doch eine Zauberei des Fausti war. Darauf fordert Faustus die Büchsen und Schwerter von ihnen, nimmt ihnen die Pferd und führt ihnen andre gezauberte Gäul, Büchsen und Schwerter dar, und sprach zum Freiherrn, der ihn nicht mehr kennet: „Mein Herr, es hat mir der Oberst in diesem Heer befohlen, euch anzuzeigen, daß ihr diesmal sollt also hinziehen, dieweil ihr auf einen gestreift, der bei dem Obersten um Hülf angesucht.“ Der Freiherr war froh, daß er aus dieser Angst und Gefahr entrunnen war, kam in die nächste Herberg. Als aber seine Knechte die Pferde zur Tränke ritten, da verschwunden die Pferde alle, und waren die Knechte schier ertrunken, mußten also wiederum zu Fuß heimreiten. Der Freiherr sahe die Knecht daher ziehen, die alle besudelt und naß waren, auch zu Fuß gingen. Als er die Ursach erfahren, schloß er alsbald, daß es D. Fausti Zauberei war, wie er ihm auch zuvor gethan hatte, und ihm solches alls zu Hohn und Spott geschehen wäre.

## Wie D. Faustus einen Hund bei ihm gehabt.

Es meldet der Wohlgeborne Heinrich, Graf und Herr zu Isenburg, daß er gar gute Kundschaft mit D. Fausto gehabt habe, als er zu Wittenberg gestudieret. Unter andern hat er dies berichtet: Als er auf ein Zeit mit andern Studenten zu Fausto in sein Herberg kommen, daß er sie hab ganz freundlich empfangen, ihnen alles Gute erzeiget und stattlich aufgetragen an Trank und Speis. Er habe es aber nicht sehen können noch wahrnehmen, wo es doch herkäme, unangesehen, daß er eine sonderlich fleißige Achtung darauf gehabt. Unter andern aber sahe er einen großen schönen schwarzen zotteten Hund, der ging auf und nieder; auf den sahe er mit Fleiß. Und als er sich wollt mitten in die Stuben legen, da redet D. Faustus ein Wort, welches er nit verstund, alsbald ging der Hund hinaus für die Stubenthür, und thät ihm die Thüre selbst auf. Er gedacht gleich: „Es wird nichts natürlichs sein." D. Faustus lächelt, fragt den Grafen, wie ihm der Hund gefiel. Darauf antwortet er: „Ich möcht ihn mit Lust noch einmal sehen." Alsbald schriee D. Faustus ihm zu. Da kam er bald und sprang auf die Bank. Seine Augen waren ganz feuerrot und ganz schrecklich anzusehen, und ob er gleich ganz schwarz zottet war, so verändert er sich doch in eine andere Farb, wenn Faustus ihm mit seiner Hand über den Rücken strich und ihn liebet, als braun, weiß und rot. Doch achtet er des Hundes weiter nicht und ließ es gut sein. Weiter meldet dieser Graf, daß er gehört habe, wie Faustus wunderbarliche Gaukelei mit diesem Hunde soll getrieben haben, sonderlich wenn er spazieren gangen.

## D. Faustus frißt einem Bauern ein Fuder Heu /
## samt dem Wagen und Pferden.

Er kam einmal gen Gotha in ein Städtlein, da er zu
thun hatte. Da nun die Zeit im Junio war, und man
allenthalben Heu einführte, ist er mit etlichen seinen
Bekannten am Abend wohl bezecht spazieren gangen.
Als nun D. Faustus und die ihm Gesellschaft geleistet,
für das Thor kamen, und um den Graben spazierten,
begegnet ihm ein Wagen mit Heu. D. Faustus aber
ging in den Fahrweg, daß ihn also der Bauer nothalben ansprechen mußte, er sollt ihm ausweichen und
sich neben dem Fahrweg halten. D. Faustus, der bezecht war, antwortet ihm: „Nun will ich sehen, ob ich
dir, oder du mir weichen müssest. Hörst du, Bruder,
hast du nicht gehört, daß einem vollen Mann ein Heu-
wagen ausweichen soll?" Der Bauer ward darüber erzürnt und gab dem Fausto viel trotziger Wort. Welchem D. Faustus wiederum antwortet: „Wie, Bauer,
wolltest du mich erst dazu reizen? Mach nicht viel
Umständ, oder ich friß dir den Wagen, das Heu und
die Pferd." Der Bauer saget darauf: „Ey, so friß mein
Dreck auch!" D. Faustus verblendet ihn hierauf nicht
anderst, denn daß der Bauer meinete, er hätte ein
Maul so groß als ein Zuber, und fraß und verschlang
am ersten die Pferde, darnach das Heu und den Wagen. Der Bauer erschrake und war ihm Angst, eilet
bald zum Bürgermeister, und berichtet ihn mit der
Wahrheit, wie alles ergangen wäre. Der Bürgermeister
ging mit ihm, lächelte, diese Geschicht zu besehen.
Als sie nun vor das Thor kamen, fanden sie des Bauern Roß und Wagen im Geschirr stehen wie zuvor,
und hatte ihn Faustus nur geblendet.

*Von dreien fürnehmen Grafen / so D. Faustus*
*auf ihr Begehren gen München auf des Beyerfürsten*
*Sohns Hochzeit / dieselbige zu besehen /*
*in Lüften hinführete.*

Drei fürnehmer Grafen, die aber allhier nicht zu nennen seind, und dazumal in Wittenberg studierten, die kamen auf eine Zeit zusammen, redeten miteinander von der herrlichen Pracht, so auf der Hochzeit zu München mit des Beyerfürsten Sohn sein würde, und wünschten also, daß sie nur eine halb Stund allda sein möchten. Unter solchem Gespräch fiel dem einen Herrn ein, und er sprach zu den andern Grafen: „Meine Vettern, so ihr mir wollt folgen, will ich euch einen guten Rat geben, daß wir die Hochzeit sehen können, und dann zu Nacht wieder allhie zu Wittenberg sein. Und dies ist mein Fürschlag, daß wir zu D. Fausto schicken, ihm unser Fürhaben eröffnen, eine Verehrung thun, und ihn ansprechen, daß er uns hierinnen verhülflich sein wolle, er wird uns das gewiß nit abschlagen.“ Dieser Meinung wurden sie einig, schickten nach Fausto, hielten ihm solches für, thäten ihm ein Schenkung, und hielten ihm ein stattlich Bankett, darmit er wohl zufrieden war, und hierinnen zu dienen zusagte. Als nun die Zeit vorhanden war, daß des Fürsten aus Beyern Sohn Hochzeit halten sollte, berufte D. Faustus diese Grafen in sein Haus, befahl ihnen, sie sollten sich auf das schönest kleiden, mit allem Ornat, so sie hätten; nimmt hernach einen großen Mantel, breitet ihn in seinen Garten, den er neben seinem Haus hatte, und setzte die Grafen darauf, und er setzt sich in die Mitten hinein; befiehlt ihnen höchlich, daß keiner, solang sie außen sein würden, ein Wort reden sollt; und ob sie schon in des Herzogen von Beyern Palast sein würden, und jemand mit ihnen reden oder sie was fragen wollte, sollten sie doch niemand eine Antwort geben. Dem allem verhießen sie zu gehorsamen. Auf solch Versprechen setzte sich D. Faustus nieder, hebt seine Conjurationes an, bald kommt ein großer Wind, der bewegt den Mantel empor, führte sie also in Lüften dahin, daß sie zu rechter Zeit gen München in des Beyerfürsten Hof kamen. Sie fuhren aber unsichtbar, daß ihrer niemand wahrnahm. Da sie in den Palast kamen und der Marschalk das wahrnahm, zeigt ers dem Fürsten in Beyern an, wie alle Fürsten, Grafen und Herren schon zu Tisch gesetzt wären, draußen aber stünden noch drei Herren mit einem Diener, die erst kommen seien; die sollte man nun empfahen. Das thät der alte Fürst auch, und sprach ihnen zu; sie aber wollten nichts reden. Das geschah am Abend, da man zu Nacht essen wollt, sonsten aber hatten sie durch des Fausti Kunst den ganzen Tag der Pracht der Hochzeit unsichtbar und ohn alles Hindernis zugesehen. Wie gemeldet, hatte ihnen D. Faustus ernstlich verboten, den ganzen Tag mit niemand zu reden, auch, sobald er sprechen würde: „Wohlauf", so sollten sie alle an den Mantel greifen, und würden dann augenblicklich wiederum davon wischen. Wie nun der Herzog von Beyern mit ihnen redet und sie ihm keine Antwort gaben, reichet man ihnen doch unterdessen das Handwasser, und dieweil der eine Grafe nun wider das Gebot D. Fausti thun will, und sich bedanket, hebt D. Faustus an, zu schreien: „Wohlauf." Alsbald wischen die zween Grafen, so sich an den Mantel gehalten, mit D. Faustus davon, der dritte aber, so sich versäumet, wird aufgefangen, und in ein Gefängnis geworfen. Die andern zween Grafen kamen also um Mitternacht wiederum gen Wittenberg, und gehuben sich wegen ihres andern Vettern gar übel, darauf sie D. Faustus vertröstete, ihn auf morgen früh zu erledigen. Nun war der gefangene Graf höchlich erschrocken und betrübt, daß er also verlassen sein sollte, und darzu in Verhaftung geschlossen und mit Hütern verwahrt. Da wurde er befragt, was das für ein Gesicht gewest, und wer die andern drei gewesen wären, so verschwunden seien. Der Graf gedachte: Verrate ich sie, so wird es einen bösen Ausgang gewinnen. Gabe derohalben niemand kein Antwort, also daß man diesen Tag nichts aus ihm bringen konnte; und ward ihm letztlich der Bescheid, daß man ihn morgen peinlich fragen und wohl zur Red bringen wolle. Der Graf gedachte: „Wenn mich D. Faustus heut noch nicht erledigt und ich morgen gepeinigt und gestreckt werden sollte, muß ich nothalben mit der Sprach heraus." Getröstet sich doch immerdar, seine Gesellen würden bei D. Fausto stark um seine Erledigung anhalten. Wie auch geschahe. Denn ehe der Tag anbrach, war D. Faustus schon bei ihm, verzauberte die Wächter dermaßen, daß sie in einen harten Schlaf fielen. Darnach thät er mit seiner Kunst Thür und Schlösser auf, brachte also den Grafen zeitig gen Wittenberg, da denn dem Fausto eine stattliche Verehrung präsentiert wurde.

*Wie D. Faustus Geld von einem Jüden entlehnet / und demselbigen seinen Fuß zu Pfand geben / den er ihm selbsten in des Juden Beisein abgesäget.*

Man spricht, ein Unhold und Zauberer werde in einem Jahr nicht um drei Heller reicher, das widerfuhr dem D. Fausto auch. Die Verheißung war groß mit seinem Geist, aber viel erlogen Ding, wie dann der Teufel ein Lügengeist ist. Er wurfe D. Fausto die Geschicklichkeit vor, damit er durch ihn begabt sei, damit sollte er sich selbsten zu Reichtum schicken. So seien auch seine Jahre noch nicht aus, und würde er also die Zeit an Geld und Gut keinen Mangel haben. Item, er habe auch Essen und Trinken dazu bekommen mit seiner Kunst, aus allen Potentatenhöfen, wie obgemeldt. Dessen mußte ihm D. Faustus diesmal recht geben und sich ihm nicht widersetzen; gedachte ihm derohalb selbsten nach, wie erfahren er wäre. Nach solcher Disputation und Erklärung des Geistes ist er mit guten Gesellen bankettieren gegangen. Als er nun nicht bei Geld war, ist er verursacht worden, bei den Juden Geld aufzubringen. Dem setzte er auch nach, nahme bei einem Juden sechzig Thaler einen Monat lang. Als nun die Zeit verlaufen und der Jud seines Gelds samt dem Interesse gewärtig war, D. Faustus aber nicht im Sinn hatte, dem Juden etwas zu zahlen, kommt der Jud auf solche Zeit zu ihm ins Haus, thut seine Anforderung. D. Faustus spricht zu ihm: „Jud, ich hab kein Geld, und weiß auch keins aufzubringen, darmit du aber der Bezahlung versichert seiest, so will ich mir ein Glied, es sei ein Arm oder Schenkel, abschneiden, und dir zum Unterpfand lassen, doch mit dem ausdrücklichen Beding, sofern ich zu Geld kommen und dich wiederum bezahlen werde, daß du mir mein Glied wiederum zustellen wollest.“ Der Jud, so ohne das ein Christenfeind war, gedachte bei sich selbsten: das müßte ein verwegener Mann sein, der seine Glieder für Geld zu Pfand setzen wollt; war derohalben mit dem Pfand zufrieden. D. Faustus nimmt eine Sägen, und schneidet seinen Fuß damit ab, giebt ihn dem Juden (es war aber lauter Verblendung) mit der Condition, sobald er zu Geld käme, ihn zu bezahlen, daß er ihm seinen Schenkel wieder zustellen sollte, er wollte sich denselben wohl wieder ansetzen. Der Jud war mit dem Contrakt wohl zufrieden, zeucht mit dem Schenkel davon. Als er nun darob verdrossen und müd war, gedacht er: „Was hilft mir ein Schelmenbein? trage ich es heim, so wird es stinkend, und ist auch mißlich wieder anzuheilen; ist dieses auch ein schwer Pfand, daß er sich nicht höher hätte verbinden können denn mit seinem eignen Glied, so wird mir doch nichts mehr dafür.“ Mit solchen und andern Gedanken (wie dieser

Jud selbst hernach bekannt hat) gehet er über einen Steg, und wirft den Fuß hinein. Dieses wußte nun D. Faustus gar wohl, schickte derohalben über drei Tag nach dem Juden, er wollte ihn bezahlen. Der Jud kommt, D. Faustus fragt, wo er das Pfand habe, er solle ihms wiederum zustellen, so wölle er ihn bezahlen. Der Jude sagte, dieweil es niemand nichts genützt, hätte ers hinweg geworfen. D. Faustus aber wollte kurzum sein Pfand und Schenkel wieder haben, oder der Jud sollte ihm seinen Willen thun. Wollte der Jud seiner los werden, mußte er ihm noch 60 Thaler darzu geben, und hatte doch Faustus seinen Schenkel noch.

## D. Faustus betreugt einen Roßtäuscher.

Gleicherweis thäte er einem Roßtäuscher auf einem Jahrmarkt. Dann er richtet ihm selbsten ein schön herrlich Pferd zu, mit demselben ritte er auf einen Jahrmarkt Pfeiffering genannt, und hatte viel Käufer darum. Letztlich wird ers um 40 Gulden los, und sagt dem Roßtäuscher, er sollte es aber in keine Tränke reiten. Der Roßtäuscher wollte sehen, was er doch mit meinete, und ritt in eine Schwemme, da verschwand das Pferd und er saß auf einem Bündel Stroh, daß er schier ertrunken wäre. Der Käufer wußte noch wohl, wo sein Verkäufer zur Herberg lage, ging zornig dahin, fand D. Faustum auf einem Bett liegen, schlafend und schnarchend. Der Roßtäuscher nahm ihn beim Fuß, wollt ihn herab ziehen, da ging ihm der Fuß aus'm Arß, und fiel der Roßtäuscher damit in die Stuben nieder. Da finge D. Faustus an, Mordio zu schreien, dem Roßtäuscher ward Angst, gab die Flucht und machte sich aus dem Staub; vermeinte nicht anders, als er hätte ihm den Fuß aus dem Arß gerissen. Also kam D. Faustus wieder zu Geld.

## D. Faustus frißt ein Fuder Heu.

D. Faustus kam in eine Stadt, Zwickaw genannt, da
ihm viele Magistri Gesellschaft leisteten. Als er nun
mit ihnen nach dem Nachtessen spazieren ging, begegnete ihm ein Baur, der fuhr einen großen Wagen
voll Grummets, den sprach er an, was er nehmen
wollte und ihn genug essen lassen. Wurden also einig
miteinander, um einen Creutzer oder Löwenpfennig;
denn der Bauer vermeinet, er triebe nur sein Gespött
mit ihme. D. Faustus aber hub an, so geizig zu essen,
daß alle Umstehende sein lachen mußten, verblendete
also den Bauern, daß ihm bang wurde, dann er schon
auf den halben Teil hinweg gefressen hatte. Wollte
der Bauer zufrieden sein, daß ihm das halbe Teil
bliebe, so mußte er dem Fausto seinen Willen machen.
Als nun der Bauer an seinen Ort kame, hatte er sein
Heu wiederum wie vor.


## Von einem Hader zwischen 12 Studenten.

Zu Wittenberg vor seinem Haus erhub sich ein Hader
mit 7 Studenten wider 5. Das deuchte D. Faustum ungleich, und hub an und verblendete allen ihre Gesichter, daß keiner den andern mehr sehen konnt; schlugen
also im Zorn blinderweis einander, daß die, so zusahen,
ein groß Gelächter ob diesem seltsamen Scharmützel
hatten, und mußte man sie alle nach Haus führen. Sobald jeder in sein Haus kame, ward er wieder sehend.


## Ein Abenteuer mit vollen Bauren.

D. Faustus zechete in einem Wirtshaus, darinnen viel
Tisch voller Bauren saßen, die des Weins zu viel zu
sich genommen hatten; derhalben mit Singen und

Schreien ein solch Getümmel anhuben, daß keiner sein eigen Wort darvor hören konnte. D. Faustus sagt zu dem, der ihn berufen hatte: „Habt acht, ich will ihnen das bald wehren." Als nun die Bauren immer je mehr je größer Geschrei und Gesäng machten, verzauberte er sie, daß allen Bauren das Maul auf das aller weitest offen stunde, und es keiner mehr zu bringen konnt. Da ward es bald gar still, ein Bauer sahe den andern an, und wußten nicht, wie ihnen geschehen war. Sobald aber ein Bauer für die Stuben hinaus kame, hatte er seine Sprachen wieder, also daß ihres Bleibens nicht länger allda war.

### D. Faustus verkauft 5 Säu / eine um 6 Gulden.

D. Faustus fängt wieder einen Wucher an, rüstet ihm 5 gemäster Schwein zu, die verkauft er, eine um 6 Gulden, doch mit dem Pact, daß der Säutreiber über kein Wasser mit ihnen schwemmen sollte. D. Faustus zog wiederum heim. Als sich nun die Säu im Kot umwälzten und besudelten, trieb sie der Säutreiber in eine Schwemme, da verschwanden sie, und schwammen lauter Strohwisch empor. Der Käufer mußte also mit Schaden dahingehen, denn er wußte nicht, wie das zugegangen war, oder wer ihm die Schweine zu kaufen gegeben hätte.

### Was D. Faustus für Abenteuer an des Fürsten zu Anhalt Hof getrieben.

D. Faustus kame auf eine Zeit zu dem Grafen von Anhalt, so jetzund Fürsten seind, der ihm allen gnädigen Willen erwiese, das geschah im Jänner. Am Tisch nahm er wahr, daß die Gräfinn groß schwanger war. Als man nun das Nachtessen aufgehoben hatte, und

Specerey auftruge, sagt D. Faustus zu der Gräfinn: „Gnädige Frau, ich habe alle Zeit gehört, daß die schwangere Weibsbilder zu mancherlei Dingen Lust und Begier haben. Ich bitt, Ew. Gnaden wollen mir nicht verhalten, wozu sie zu essen Lust hätte." Sie antwortet ihme: „Herr Doctor, ich wills euch wahrlich nicht verhalten, was ich jetzunder wünschen möchte. Nämlich, daß es Herbst Zeit wäre; so wollte ich frische Trauben und Obst genug essen." D. Faustus saget hierauf: „Gnädige Frau, das ist mir leichtlich zu Wege zu bringen, und in einer halben Stunde soll Ew. Gnaden Lust gebüßt werden." Nahme alsbald zwo silberne Schüsseln, und setzte die fürs Fenster hinaus. Als nun die Zeit vorhanden war, griff er vors Fenster hinaus, und langt die Schüsseln wiederum herein; darinnen waren rote, weiße Trauben, desgleichen in der andern Schüssel Äpfel und Birn, doch fremder und weiter Landesart. Die setzte er der Gräfinn für und sagt: „Ihro Gnaden wollen sich darob nicht entsetzen zu essen, denn sie aus fremder Landesart weithero kommen, da eben der Sommer sich enden will." Also aß die Gräfinn von allem Obst und Trauben mit Lust und großer Verwunderung. Der Fürst von Anhalt konnte nicht vorüber, ihn zu fragen, wie es eine Gestalt und Gelegenheit mit den Trauben und dem Obst gehabt. D. Faust antwortet: „Ew. Gnaden sollen wissen, daß das Jahr in zween Cirkel der Welt geteilet ist, daß, wann es bei uns jetzt Winter, in Orient und Occident Sommer ist; denn der Himmel ist rund, und ist jetzunder die Sonne am höchsten gestiegen, daß wir die Zeit der kurzen Tage und den Winter bei uns haben. In Orient und Occident aber, als in Saba, India, und recht Morgenland, da steigt die Sonne nieder, und haben sie daselbsten den Sommer und im Jahr zweimal Frücht und Obst, item, es ist bei uns Nacht, bei ihnen hebt der Tag an, denn die Sonne hat sich unter die Erden gethan. Deß ist ein Gleichnis, daß

das Meer höher läuft, denn die Welt stehet; wann es
nun dem Höchsten nicht gehorsam wäre, könnte es die
Welt in einem Augenblick verderben. So steiget jetzunder die Sonne bei ihnen auf und gehet bei uns nieder.
Auf solchen Bericht, gnädiger Herr, hab ich meinen
Geist dahin gesandt, der ein fliegender und geschwin-
der Geist ist, sich in einem Augenblick, wie er will,
verändern kann, der hat diese Trauben und Obst er-
obert." Solchem hörte der Fürst mit großer Verwunderung zu.

*Von einem andern Abenteuer / so auch diesem
Grafen zu Gefallen durch D. Faustum geschehen / da
er ein ansehnlich Schloß auf eine Höhe gezaubert.*

Ehe D. Faustus Urlaub nahm, bat er den Grafen, er
wollte mit ihm für das Thor hinaus gehen, da er ihn
ein Castell oder Schloß wollt sehen lassen, so er diese
Nacht auf sein Gut und Herrschaft gebauet, dessen sich
der Grafe sehr verwunderte. Gehet also mit D. Fausto
samt seiner Gemahlin und dem Frauenzimmer hinaus für das Thor, da er auf einem Berg, der Rohm-
bühel genannt, nicht weit von der Stadt gelegen, ein
wohlerbautes Haus und Castell sahe, das D. Faustus
gezaubert hatte. Bat derohalben den Grafen und
seine Gemahlin, daß sie sich vollends dahin verfügen,
und bei ihm zu Morgen essen wollten, welches ihm
der Graf nicht abschlug. Dies Schloß war mit Zauberei also formiert, daß rings herum ein tiefer Wasser-
graben ginge, darinnen allerlei Fisch zu sehen waren,
und mancherlei Wasservögel, als Schwanen, Enten,
Reyher und dergleichen, welches alles lustig anzusehen. In diesem Graben stunden fünf steinere Türme
und zwei Thore, auch ein weiter Hof, darin allerlei
Tiere gezaubert waren, sonderlich, so in Teutschland
nicht viel zu sehen, als Affen, Bären, Püffel, Gemb-

sen und dergleichen fremder Tiere. Sonsten waren
wohlbekannte Tiere auch darbei, als Hirschen, wilde
Schwein, Reh, auch allerlei Vögel, so man je erdenken
mag, die von einem Baum zum andern hüpften und
flogen. Nach solchem allem setzte er seine Gäste zu
Tisch, reichte ihnen ein herrlich und königlich Mahl,
mit Essen und allerlei Getränke, so man erdenken
mögen. Setzt jedes Mal neun Trachten zugleich auf;
das mußte sein famulus der Wagner thun, der es vom
Geist unsichtbar empfinge; von allerlei Kost, von
Wild, Vögeln, Fischen und anderem. Von heimischen
Tieren (wie es dann D. Faustus alles erzählte) setzte
er auf von Ochsen, Böcken, Rindern, Kälbern, Häm-
meln, Lämmern, Schafen, Schweinen etc., von wilden
Tieren gab er zu essen Gembsen, Hasen, Hirschen,
Reh, Wild etc. Von Fischen gab er Aäl, Barben, Ber-
sing, Bickling, Bolchen, Aschen, Forell, Hecht, Karp-
fen, Krebs, Muscheln, Neunaugen, Platteisen, Salmen,
Schleyen und dergleichen. Von Vögeln ließ er auf-
tragen Capaunen, Tauchenten, Wildenten, Tauben,
Fasanen, Aurhahnen, Indianisch Göckel und sonst
Hühner, Rebhühner, Haselhühner, Lerchen, Cramm-
metsvögel, Pfauen, Reyher, Schwanen, Straußen,
Trappen, Wachteln etc. Von Weinen waren da Nie-
derländer, Burgunder, Brabanter, Coblentzer, Craba-
tischer, Elsässer, Engelländer; Französische, Rheini-
sche, Spanische; Holländer, Lützelburger, Ungerischer,
Österreicher, Windische, Wirtzburger oder Franken-
wein, Rheinfall und Malvasier, in Summa von allerlei
Weinen, daß bei hundert Kanten da herum stunden.
Solche herrliche Mahlzeit nahm der Graf mit Gnaden
an, zog nach dem Essen wieder gen Hof, und deuchte
sie nicht, daß sie etwas gegessen oder getrunken sollten
haben, so öd waren sie. Als sie nun wieder gen Hof
kamen, da gingen aus D. Fausti Schloß grausame
Büchsenschuß, und brann das Feuer im Schloß in alle
Höhe, bis es ganz verschwande; das sie alles wohl

sehen konnten. Da kam D. Faustus wieder zum Grafen, der ihn hernach auch mit etlich hundert Thalern verehrt und ihn wiederum fortziehen ließe.

## Wie D. Faustus mit seiner Bursch in des Bischofen von Saltzburg Keller gefahren.

Nachdem D. Faustus wiederum vom Grafen Abschied nahm und gen Wittenberg kame, ruckete die Fastnacht herbei. D. Faustus war der Bacchus, berufte zu ihm etliche Studenten, und nachdem sie von ihm wohl gespeiset worden und sie den Bacchum gern vollends celebrieren wollen, überredet sie D. Faustus, sie sollten mit ihm in einen Keller fahren, und allda die herrlichen Trünke, so er ihnen reichen und geben würde, versuchen, dessen sie sich leichtlich bereden ließen. Darauf D. Faustus in seinem Garten eine Leiter nahme, und jeglichen auf eine Sprossen setzte und mit ihnen davon fuhr, daß sie noch dieselbige Nacht in des Bischofs von Saltzburg Keller kamen, da sie allerlei Wein kosteten und nur den besten tranken; wie dann dieser Bischof einen herrlichen Weinwachs hat. Als sie nun sämtlich gutes Muts im Keller waren und D. Faustus einen Feuerstein mit sich genommen hatte, daß sie alle Fässer sehen könnten, kame des Bischofs Kellermeister von ungefähr daher, und thät sie für Diebe ausschreien, so eingebrochen hätten. Das verdroß D. Faustum, mahnte seine Gesellen aufzustehn, nahm den Kellner beim Haar, fuhr mit ihm davon, und als sie zu einer großen hohen Tannen kamen, setzte er den Kellner, so in großen Ängsten und Schrecken war, darauf, und kam also D. Faustus mit seiner Bursch wieder nach Haus; da sie erst das Valete miteinander hielten, mit dem Wein, so er, D. Faustus, in große Flaschen gefüllet hatte in des Bischöfs Keller. Der Kellner aber, so sich die ganze Nacht auf dem Baum halten müssen, daß er nicht herab fiele, und schier erfroren war, sah, als es Tag worden, daß die Tanne so hoch war, daß es ihm unmöglich sei herab zu steigen, dieweil sie keine Äste hatte denn nur oben am Baum; rufte also etlichen Bauren zu, so vorüber fuhren, und zeiget ihnen an, wie es ihm ergangen wäre, und bat, daß sie ihm herunter helfen wollten. Die Bauren verwunderten sich, zeigten es zu Saltzburg am Hof an, da war ein groß Zulaufen, und er ward mit großer Mühe und Arbeit mit Stricken herab gebracht. Doch konnte der Kellner nicht sagen, wer die gewesen, so er im Keller funden, noch der, so ihn auf den Baum geführet hätte.

### Von der andern Fastnacht am Dienstage.

Diese sieben Studenten, darunter vier Magistri waren, in Theologia, Jurisprudentia und Medicina studierend, als sie die Herrenfastnacht celebriert hatten in D. Fausti Behausung, waren sie am Dienstag der Fastnacht wieder zum Nachtessen berufen, da sie wohlbekannte und angenehme liebe Gäste des Fausti waren. Und da sie erst mit Hühnern, Fisch und Braten, doch schmal genug, tractiert worden, tröstete D. Faustus seine Gäste solcher Gestalt: „Liebe Herren, ihr sehet hier meine geringe Tractation, damit sollt ihr für gut nehmen, es wird zum Schlaftrunk besser werden. Nun wisset ihr, daß in vieler Potentaten Höfen die Fastnacht mit köstlichen Speisen und Getränken gehalten wird, dessen sollt ihr auch teilhaftig werden; und ist dies die Ursach, daß ich euch mit so geringer Speis und Trank tractiere, und ihr kaum den Hunger gebüßet habt: daß ich drei Flaschen, die eine fünf, die andre acht, und wiederum eine acht Maaß haltend in meinen Garten gesetzt habe, und meinem Geist befohlen, einen Ungerischen, Italienischen und Hispanischen Wein zu holen. Desgleichen hab ich fünfzehn Schüsseln nach einander auch in meinen Garten gesetzt, die allbereit mit allerlei Speise versehen sind, die ich wiederum warm machen muß. Und sollt mir glauben, daß es keine Verblendung sei, da ihr meinet, ihr esset, und sei doch nicht natürlich." Als er nun seine Rede zum Ende geführet, befiehlt er seinem famulo, dem Wagner, einen neuen Tisch zu bereiten, das thät er; und trug hernach fünfmal Speis auf, allemal drei Trachten auf ein Mal, die waren von allerlei Wildpret, Gebackens und dergleichen. Zum Tischwein brachte er Welschwein, zum Ehrenwein Ungerischen und Hispanischen. Und als sie nun alle toll und voll waren, jedoch noch viel Speis überbliebe, fingen sie letztlich an, zu singen und zu springen, und gingen erst gegen Tag zu Haus; Morgens aber wurden sie auf die rechte Fastnacht berufen.

### Am Aschermittwochen / der rechten Fastnacht.

Am Aschermittwochen, der rechten Fastnacht, kamen die Studenten als berufene Gäste wiederum in D. Fausti Haus, da er ihnen ein herrlich Mahl gab, und sie tapfer sangen, sprangen und alle Kurzweil trieben. Als nun die hohen Gläser und Becher herumgingen, hebt D. Faustus sein Gaukelspiel an, also daß sie in der Stuben allerlei Saitenspiel hörten, und doch nit wissen konnten, woher es käme. Dann sobald ein Instrument aufhörte, kam ein anders, da ein Orgel, dort ein Positiff, Lauten, Geigen, Cythern, Harpfen, Krumbhörner, Posaunen, Schwegel, Zwerchpfeiffen; in Summa, allerlei Instrumenta waren vorhanden. Indem huben die Gläser und Becher an zu hüpfen. Darnach nahme D. Faustus einen Hafen oder zehn, stellte sie mitten in die Stuben, die huben alle an zu tanzen und an einander zu stoßen, daß sie sich alle zertrüm-

merten und unter einander zerschmetterten, welches
ein großes Gelächter am Tisch gabe. Bald hebt er ein
ander Kurzweil an. Denn er ließ einen Göcker im Hof
fangen, den stellt er auf den Tisch, und da er ihm zu
trinken gab, hub der Hahn mit dem Schnabel natürlich an zu pfeiffen. Darnach hub er ein ander Kurzweil an, setzte ein Instrument auf den Tisch; da kam
ein alter Aff in die Stuben, der machte viel schöner
Tänz darauf. Als er nun solche Kurzweil triebe bis in
die Nacht hinein, bat er die Studenten, sie möchten bei
ihm bleiben und mit ihme zu Nacht essen, er wollte
ihnen ein Essen Vögel geben, darnach mit ihnen in
die Mummerey gehen, welches sie ihm auch leichtlich
bewilligten. Da nahme D. Faustus ein Stangen, reckt
die für das Fenster hinaus, alsbald kamen allerlei
Vögel daher geflogen, und welche auf die Stangen
saßen, die mußten bleiben. Da er nun einen guten Teil
der Vögel gefangen hatte, halfen die Studenten ihme
dieselbigen würgen und rupfen. Das waren Lerchen,
Crammetsvögel, und vier Wildenten. Als sie nun
abermals tapfer gezecht, seind sie mit einander in die
Mummerey gangen. D. Faustus befahle, daß ein jeder
ein weiß Hemd anziehen sollte, und ihn alsdann
sollte machen lassen. Solches geschah. Als nun die Studenten einander ansahen, gedeuchte einen jeglichen, er
hätte keinen Kopf, gingen also in etliche Häuser, darob die Leute gar sehr erschraken. Als aber die Herren,
bei denen, da sie das Küchlein geholt, sich zu Tisch gesetzt, hatten sie ihren Schein wiederum, und kennet
man sie darauf alsbald. Bald darnach veränderten sie
sich wiederum, und hatten natürliche Eselsköpf und
Ohren, das trieben sie bis in die Mitternacht hinein,
und zogen alsdann ein jeder wieder in sein Haus,
machten diesen Tag ein End an der Fastnacht und
gingen schlafen.

*Von der vierten Fastnacht am Donnerstag.*

Die letzten Bacchanalia waren am Donnerstag, da
denselbigen Tag ein großer Schnee war gefallen.
D. Faustus war zu den Studiosis berufen, die ihm eine
stattliche Mahlzeit hielten, da er sein Abenteuer wieder anfing, und zauberte 13 Affen in die Stuben, die
gaukelten so wunderlich, daß dergleichen nie gesehen
worden, dann sie sprangen auf einander, wie man
sonst die Affen abricht, so nahmen sie auch einander
in die Füß, tanzten einen ganzen Reihen um den Tisch
herum, darnach zum Fenster hinaus und verschwanden. Sie satzten dem Fausto einen gebratenen Kalbskopf für. Als ihn nun der Studenten einer zerlegen
wollt, fing der Kalbskopf an, menschlich zu schreien:
„Mordio, Helfio, o weh, was hab ich dir gethan?"
daß sie darob erschraken, und dann wieder anfingen
zu lachen; verzehrten also den Kalbskopf und ging
D. Faustus noch zeitig am Tage nach Haus, mit Versprechung wieder zu erscheinen. Bald rüstet er ihm
mit Zauberei einen Schlitten zu, der hatt eine Gestalt
wie ein Drach, auf dem Haupt saß er, D. Faustus, und
mitten innen die Studenten. So waren vier verzauberte Affen auf dem Schwanz, die gaukelten auf einander ganz lustig, der eine blies auf der Schalmeien, und
lief der Schlitten von ihm selbsten, wohin sie wollten.
Das währte bis in die Mitternacht hinein, mit solchem
Kläppern, daß keiner den andern hören konnte, und
deuchte die Studenten, sie wären in der Luft gewandelt.


*Am weißen Sonntag / von der bezauberten
Helena.*

Am weißen Sonntag kamen oftgemeldte Studenten
unversehens wieder in D. Fausti Behausung zum
Nachtessen, brachten ihr Essen und Trank mit sich;

welche angenehme Gäste waren. Als nun der Wein
einginge, wurde am Tisch von schönen Weibsbildern
geredet; da einer unter ihnen anfing, daß er kein
Weibsbild lieber sehen wollte dann die schöne Helenam aus Graecia, derowegen die schöne Stadt Troja
zu Grund gangen wäre; sie müßte gar schön gewesen
sein, dieweil sie ihrem Mann geraubt worden, und
dagegen solche Empörung entstanden wäre. D. Faustus antwortete: „Dieweil ihr dann so begierig seid,
die schöne Gestalt der Königin Helenae, Menelai
Hausfrau, oder Tochter Tyndari und Ledae, Castoris
und Pollucis Schwester, welche die schönste in Graecia
gewesen sein solle, zu sehen, will ich euch dieselbige
fürstellen, damit ihr persönlich ihren Geist, in Form
und Gestalt wie sie im Leben gewesen, sehen sollet,
dergleichen ich auch Kaiser Carolo Quinto auf sein
Begehren mit Fürstellung Kaisers Alexandri Magni
und seiner Gemahlin willfahrt habe." Darauf verbote
D. Faustus, daß keiner nichts reden sollt, noch vom
Tisch aufstehn, oder sie zu empfahen anmaßen, und
gehet zur Stuben hinaus. Als er wieder hineingeht,
folget ihm die Königin Helena auf dem Fuß nach,
so wunder schön, daß die Studenten nit wußten, ob sie
bei ihnen selbsten wären, oder nit; so verwirrt und in-
brünstig waren sie. Diese Helena erschiene in einem
köstlichen schwarzen Purpurkleid, ihr Haar hatte sie
herab hangen, das schön und herrlich als goldfarb erschiene, auch so lang, daß es ihr bis an die Kniebiegen
hinabginge. Sie hatte schöne kohlschwarze Augen, ein
lieblich Angesicht, mit einem runden Köpflein, ein
klein Mündlein mit Leffzen rot wie Kirschen, einen
Hals wie ein weißer Schwan, rote Bäcklein wie ein
Röslein, ein überaus schön gleißend Angesicht, eine
länglichte aufgerichte gerade Person. In Summa, es
war an ihr kein Unthätlein zu finden. Sie sahe sich
allenthalben in der Stuben um, mit gar frechem und
bübischem Gesicht, daß die Studenten gegen ihr in

Liebe entzündet waren. Weil sie es aber für einen Geist achteten, verginge ihnen solche Brunst leichtlich, und ginge also Helena mit D. Fausto wiederum zur Stuben hinaus. Als die Studenten solches alles gesehen, baten sie D. Faustum, er sollte ihnen soviel zu Gefallen thun und sie morgen wiederum fürstellen, so wollten sie einen Maler mit sich bringen, der sollte sie abconterfeyen. Welches ihnen aber D. Faustus abschlug, und sagte, daß er ihren Geist nicht alle Zeit erwecken könnte. Er wollte ihnen aber ein Conterfey davon zukommen lassen, welches sie, die Studenten, möchten abmalen lassen: welches dann auch geschahe, und die Maler hernach weit hin und wider schickten; denn es war eine sehr herrliche Gestalt eines Weibsbilds. Wer aber solches Gemäld dem Fausto gemalet, hat man nicht erfahren können. Die Studenten aber, als sie zu Bett kamen, haben sie vor der Gestalt und Form, so sie sichtbarlich gesehen, nicht schlafen können; hieraus dann zu sehen ist, daß der Teufel oft die Menschen in Liebe entzündt und verblendt, daß man ins Hurenleben gerät, und hernacher nit leichtlich wieder heraus zu bringen ist.


*Doctor Faustus schenket den Studenten zu*
*Leipzig ein Faß Weines.*


Es hatten etliche fremde Studenten aus Ungern, Polen, Kernten und Österreich, so zu Wittenberg mit D. Fausto viel umgingen, ein Bitt an ihn gelegt, als die Leipziger Meß angangen, er sollte mit ihnen dahin rücken, möchten wohl sehen, was da für ein Gewerb wäre, und für Handelsleute zusammen kämen; so hatten ihrer auch etliche Vertröstung, Geld allda zu empfahen. D. Faustus willigte ein und leistete Gesellschaft. Als sie nun in Leipzig hin und wider spazierten, die Universität samt der Meß besahen, gingen sie von ungefähr vor einem Weinkeller vorüber, da waren etliche Schröter über einem großen Weinfasse, ungefähr von 16 oder 18 Eimern, und wolltens aus dem Keller schroten, konntens aber nicht heraus bringen. Das sahe D. Faustus, und sprach: „Wie stellet ihr euch so läppisch, und sind euer so viel; könnte doch wohl einer allein dies Faß heraus bringen, wenn er sich recht darzu zu schicken wüßte." Die Schröter wurden unwillig ob solcher Rede halben, und wurfen mit unnützen Worten um sich, weil sie ihn nicht kannten; wie denn dies Gesindel zu thun pflegt. Als aber der Weinherr vernahm, was der Zank war, sprach er zu Fausto und seinen Gesellen: „Wohlan, welcher unter euch das Faß allein wird heraus bringen, dem soll es sein." Faustus war nicht faul, ging bald in den Keller, satzte sich aufs Faß als auf ein Pferd und ritt es also schnell aus dem Keller; darüber sich jedermann verwunderte. Deß erschrak der Weinherr, vermeinete nicht, daß solches wäre möglich gewesen, mußte aber doch seine Zusage halten und Fausto das Faß mit Wein ausfolgen lassen. Der gab es seinen Wandersgesellen zum besten, die luden andere gute Freunde darzu, hatten etliche Tage lang einen guten Schlampamp davon, und wußten vom Glück zu Leipzig zu sagen.

*Wie D. Faustus zu Erfurt den Homerum gelesen und die griechischen Helden seinen Zuhörern geweist und vorgestellt habe.*

Es hat sich auch D. Faustus viel Jahre zu Erfurt gehalten, und in der hohen Schul daselbst gelesen, und viel Abenteuer daselbst angerichtet; wie denn noch etliche Personen beim Leben, die ihn wohl gekannt, solche Abenteuer von ihm gesehen, auch mit ihm gegessen und getrunken haben. Als er nun seinen Zuhörern einmal den Griechischen fürtrefflichen Poeten Homerum gelesen, welcher unter andern Historien auch den zehnjährigen Krieg von Troja, der der schönen Helena wegen sich unter den griechischen Fürsten erhoben hatte, beschreibet; und da vielmals der tapfern Helden Menelai, Achillis, Hectoris, Priami, Alexandri, Ulissis, Ajacis, Agamemnonis und anderer gedacht wird, hat er derselben Person, Gestalt und Gesichte den Studenten dermaßen beschrieben, daß sie ein groß Verlangen bekommen und oft gewünscht, wo es ihr Praeceptor zuwegen bringen könnte, dieselbigen zu sehen, haben ihn auch darum bittlich angelangt. Faustus hat ihnen solches verwilliget, und zugesagt in der nächsten Lection alle, die sie zu sehen begehrten, vor Augen zu stellen, derwegen ein großer Concurs und Zulauf von Studenten worden; wie dann die Jugend all Zeit mehr auf Affenwerk und Gaukelspiel denn zu dem Guten Lust und Zuneigung hat. Als nun die Stunde kommen, und D. Faustus in seiner Lection fortgefahren, auch gesehen, daß wegen seiner gethanen Zusag mehr Zuhörer vorhanden denn sonsten, hat er fast mitten in der Lection angefangen und gesagt: „Ihr lieben Studenten, weil euch gelüstet, die griechischen berühmten Kriegsfürsten, welcher der Poet allhier gedenkt, in der Person, wie sie damals gelebt, anzuschauen, so soll euch dieses itzt begegnen." Und sind auf solche Wort alsbald obgenannte Helden in ihrer damals gebräuchlich gewesenen Rüstung in das Lectorium nach einander hinein getreten, haben sich frisch umgesehen, und, gleich als wenn sie ergrimmet wären, die Köpfe geschüttelt; welchen zuletzt nachgefolget ist der greuliche Riese Polyphemus, so nur ein Aug im Kopf mitten auf der Stirn gehabt hat, und einen langen zottichten feuerroten Bart; hat einen Kerl, den er gefressen, mit den Schenkeln noch zum Maule herauszotten gehabt, und hat so gräßlich ausgesehen, daß ihnen alle Haar gen Berg gestanden, und sie vor Schrecken und Zittern schier nicht gewußt haben, wo sie hinaus sollen. Dessen aber Faustus sehr gelacht, und ihnen einen nach dem andern bei Namen genannt; und wie er sie berufen, also auch ordentlich heißen wieder hinaus gehen; welches sie auch gethan. Alleine der einäugige Cyclops oder Polyphemus hat sich gestellt, als wollte er nicht weichen, sondern noch einen oder zween fressen. Darüber sich dann die Studenten noch mehr entsatzt, sonderlich, weil er mit seinem großen dicken Spieße, der lauter Eisen und einem Weberbaum gleich war, wider den Erdboden stieß, daß sich das ganze Collegium bewegte und erschutterte. Aber Faustus winkte ihm mit einem Finger, da fand er auch die Thür, und beschloß also der Doctor seine Lection, deß die Studenten alle wohl zufrieden waren; begehrten aber fortan kein solch Gesichte von ihme, weil sie erfahren, was für Gefahr hiebei zu befürchten.

### D. Faustus will die verlorenen Comoedien Terentij und Plauti alle wieder ans Licht bringen.

Nicht lange darnach, als eine Promotion in der Universität daselbst gehalten und etliche zu Magistern gemacht worden, hat sich unter den Philosophen ein Gespräch zugetragen von Nutzbarkeit des lateinischen Comoedienschreibers Terentij von Carthagine aus Africa bürtig, wie nämlich derselbe nicht allein der lateinischen Sprache und schöner Lehren und Sentenz halben in den Schulen behalten und der Jugend vorgelesen werden sollte, sondern auch deswegen, weil er allerlei Stände in der Welt und gute und böse Personen derselben also eigentlich mit allen ihren Eigenschaften zu beschreiben weiß, als wenn er in der Menschen Herzen gesteckt, und eines jeden Sinn und Gedanken gleich als ein Gott erkündiget hätte; wie jedermann bekennen müsse, der denselben Poeten recht lese und verstünde. Und das noch wunderbarlicher, siehet man daraus, daß zur selben Zeit die Menschen ebenso geartet und mit gleichen Sitten gelebt haben, wie es itzt in der Welt zugehet, ob es gleich etliche hundert Jahr vor Christi Geburt ist geschrieben worden. Allein das ist beklagt worden, daß die meisten und fürnehmsten Comoedien desselben, als 108, so schändlich durch einen Schiffbruch untergegangen, umkommen und verloren wären, darüber der Terentius selber auch sich zu Tod soll bekümmert haben, als Ausonius meldet. Gleichen Unfall haben sie auch vom Plauto erzählet, welcher nicht minder als Terentius aller oberzählten Ursachen halben in den Schulen sehr notwendig und nützlich zu lesen; dann man auch wohl 41 oder mehr Comoedien desselben nicht mehr haben könnte, weil dieselben entweder durch Wassers oder Feuers Not auch jämmerlich verdorben. D. Faustus hat diesem Gespräch lang zugehöret, und gleicher Gestalt von beiden Poeten viel und mehr denn die andern alle zu reden gewußt, auch etliche schöne Sentenz und Sprüche aus den verlorenen Comoedien angezogen, darüber sich jedermann unter ihnen heftig verwunderte, und ihn fraget, woher er wüßte, was in denselbigen Comoedien stünde. Darauf hat er ihnen angezeigt, daß sie nicht so gar umkommen oder nicht mehr vorhanden wären, wie sie meinten. Sondern, so es ihm ohn Gefahr sein sollte, und den Theologen, so gegenwärtig, nicht zuwider (bei denen er sonsten nicht guten Wind hatte); so wollte er aller beider Poeten ihre Schriften, sie wären verloren worden oder umkommen wie sie wollten, gar wohl und leichtlich herwieder und ans Licht bringen, doch nur auf etliche Stunden lang; wollte man sie dann je länger haben oder behalten, so könnte man viel Studenten, Notarien, und Schreiber darübersetzen, und in einem Hui dieselben alle abschreiben lassen. So könnte man sie hernach stets, nit weniger als die andern, so jetzt noch vorhanden, haben und lesen. Solches ist den Herren Theologen und den Fürnehmsten des Rats, so auch zugleich, wie gebräuchlich, gegenwärtig waren, angemeldt worden. Aber man hat ihm zur Antwort geben lassen: Wenn er nicht könnte und wollte dieselben Bücher also herfürbringen, daß man sie rechtschaffen und für und für behalten und haben könnte, so bedürfte man seines Anerbietens nicht, dann man sonsten genugsam Autores und gute Bücher hätte, daraus die Jugend die rechte artige lateinische Sprache lernen möchte; und stünde zu befahren, der böse Geist möchte in die neu erfundenen allerlei Gift und ärgerliche Exempel mit einschieben, daß also mehr Schaden denn Frommen daraus erwachsen könnte. Derwegen bleibt es noch bis diese Stunde bei den Comoedien Terentij und Plauti, die man bisher gehabt, und sind die verlorenen an ihrem Ort, da sie der Teufel hingeführt oder versteckt hat, blieben; daß also D. Faustus hierinnen kein Meisterstück hat beweisen können.

### Ein ander Historia / wie D. Faustus unversehens in eine Gasterei kommt.

In der Schlössergassen zu Erfurt ist ein Haus, zum Encker genannt, darinnen hat damals ein Stadtjunker gewohnet, deß Namen etlicher Ursachen halben allhier nicht gesetzt worden; bei welchem sich D. Faustus die ganze Zeit über, so er zu Erfurt gewesen, am meisten gehalten, auch viel wunderlicher Possen und Kurzweil geübet und angerichtet hat, sonderlich, wenn er etwan Gesellschaft bei sich gehabt, wie denn fast täglich geschehen. Nun hat sich zugetragen, daß gemeldter Faustus auf eine Zeit, als derselbe Junker viel guter Freunde zur Abendmahlzeit zu sich geladen, nit daheim, sondern zu Prag beim Kaiser gewesen ist. Als

100

aber die Junkern bei seinem Freunde sehr lustig gewesen, und ihn oft begehrt und gewünscht haben, hat sie ihr Wirt berichtet, daß er jetzt nicht zu bekommen, weil er weit von dannen, nämlich zu Prag wäre. Dabei sie es wohl ein Weil haben bleiben lassen, aber bald hernach wieder angefangen haben, ihn zu sich zu wünschen, hat ihn auch einer scherzweise mit Namen gerufen, und gebeten, er wolle zu ihnen kommen und die gute Gesellschaft nicht verlassen. Indem klopfet eins an der Hausthür stark an, der Hausknecht läuft ans Fenster, fragt oben naus, wer da sei? Steht D. Faustus vor der Thür, hat sein Roß beim Zügel als einer, der erst abgesessen, spricht zum Hausknecht, ob er ihn nicht kenne, er seis, dem gerufen worden. Der Hausknecht läuft bald hinein zum Herrn ehe er auf thut, zeiget an, D. Faustus sei vor der Thür und habe angeklopft. Der Junker im Haus spricht, er werde Tauben haben oder nicht recht sehen, er wisse wohl, wo Faustus sei, werde jetzt nicht vor seiner Thür stehen. Der Knecht beruhet auf seinen Worten. Indem klopfet Faustus noch einmal an, und als der Herr selbst neben dem Knechte hinaus siehet, ists Faustus; darum man ihm die Thür öffnet und ihn schön empfängt. Des Junkers Sohn bittet, er wolle mit dem Vater bald hinein zu den Gästen gehn, nimmt seinen Gaul von ihme, verheißt ihm Futter genug zu geben; kanns aber nicht halten, wie er hernach folgen wird. Als nun D. Faustus hinein zu den Gästen kommt, herrlich empfangen und zu Tisch gesetzt wird, und der Herr im Hause fraget, wie er so bald sei wieder kommen, antwortet er: „Da ist mir mein Pferd gut zu; weil mich die Herren Gäste so sehr begehrt und mir gerufen, hab ich ihnen willfahren und bei ihnen allhier erscheinen wollen, wiewohl ich nit lang bleiben mag, sondern noch vor morgen wieder zu Prag sein muß." Darauf legten sie ihm für zu essen, und trunken weidlich auf ihn zu, bis er einen guten Rausch bekömmt.

Da fähet er an, seine Posserei mit ihnen zu üben, spricht, ob sie nit mögen einen fremden Wein oder zween versuchen. Antworteten sie: ja. Darauf er weiter fraget, obs ein Rheinfall, Malvasier, Spanisch oder Französisch Wein sein soll. Giebt einer lachend zur Antwort, sie sein alle gut. Alsbald fordert Faustus einen Bohrer, fängt an, auf die Seiten am Tischblatt vier Löcher nacheinander zu bohren, stopft Pflöcklein für, wie man die Zapfen oder Hahne vor die Fässer zu stecken pflegt, heißt ihm ein paar frische Gläser bringen. Als dies geschehen war, zeucht er ein Pflöcklein nach dem andern heraus, und läßt einem jeden aus dem dürren Tischblatt, gleich aus vier Fässern, was für Wein er fordert unter den obgenannten. Deß wurden die Gäste lachen und waren guter Dinge. Indeß kömmt des Junkern Sohn, spricht: „Herr Doctor, euer Pferd frißt, wie wenns toll wäre, wollte lieber sonst 10 oder 20 Gäule füttern denn diesen einigen, er hat mir allbereit etliche Scheffel Haber verschluckt, steht stets und siehet sich um, wo mehr sei." Deß lachet nicht allein D. Faustus, sondern alle die es hörten. Als er aber saget: „Ich will meiner Zusag genug thun, und ihm Futter satt geben, sollt ich auch etliche Malter an ihn wagen" giebt ihm D. Faustus zur Antwort, er solls lassen bleiben, es habe heint gnug Futter bekommen, denn es fresse ihm wohl allen Habern vom Boden, eh es voll würde. Es war aber sein Geist Mephostophiles, der, wie oben gesagt, sich zuweilen in ein Pferd mit Flügeln, wie der Poeten Pegasus, verwandelte, wenn Faustus eilends verreisen wollte. Mit solchen und dergleichen kurzweiligen Possen brachten sie den Abend hin, bis in die Mitternacht, da thät Fausti Pferd einen hellen Schrei, daß man es über das ganze Haus hören konnte. „Nun muß ich fort" sagt Faustus, und wollt gute Nacht geben. Aber sie hielten ihn und baten, daß er noch ein Weil verharren wollte. Da knüpfte er einen Knoten in seinen

Gürtel, und sagte ihnen dennoch ein Stündlein zu. Wie das aus war, thät sein Pferd aber einen lauten Schrei, da wollte er wieder fort; ließ sich aber durch die Gesellschaft bewegen, blieb noch eine Stunde und machte noch einen Knoten an Gürtel. Wie aber dies auch verlaufen war, und sein Gaul den dritten Schrei that, da wollt er gar nicht länger bleiben, noch sich aufhalten lassen, nahm seinen Abschied von ihnen, sprach, er müßte nun fort. Da gaben sie ihm das Geleit bis zur Hausthür heraus, ließen ihm seinen Gaul vorziehen, darauf saß er, und ritt wieder dahin, die Schlössergasse hinauf. Er war aber kaum drei oder vier Häuser vorüber, da schwang sich sein Pferd mit ihm über sich in die Luft, daß, die ihm nachsahen, ihn bald nicht mehr spüren konnten. Kam also wieder vor Morgen gen Prag, verrichtete daselbst seine Geschäfte, und brachte über etliche Wochen hernach viel Schriften und neue Zeitungen vons Kaisers Hofe mit sich, als er wieder zu Haus kam.

### Wie D. Faustus selbst ein Gasterei anrichtet.

Als nun D. Faustus von Prag wieder anheim kommen, und von den österreichischen Herrn und andern Fürsten und Grafen, so ans römischen Kaisers Hofe damals sich verhielten, viel herrlich Geschenk mit sich bracht hatte, gedacht er an die gute Gesellschaft, die ihn von Prag in den Encker berufen hatte, geliebte ihm derselben Conversation und kurzweilige Gesellschaft. Derhalben, daß er mit denselben, so ihm zum Teil zuvor unbekannt gewesen, ferner Kundschaft machte und sich dankbar gegen sie erzeigen möchte, lud er sie alle wiederum zu sich in sein Losament, so er nit weit vom großen Collegio zu Erfurt bei S. Michael hatte. Sie erschienen alle mit Lust, nicht sonderlich Essens und Trinkens halben, sondern daß sie

verhofften, seltsame Schwänke wiederum von ihm zu
sehen, wie auch geschah. Denn als sie kamen und sich
nach einander einstellten, sahen sie weder Feuer noch
Rauch, auch weder Essen noch Trinken oder sonst was
zum Besten, doch ließen sie sich nichts merken, waren
lustig und gedachten, ihr Wirt würde wohl wissen,
wie er seiner Gäste pflegen sollte. Als sie nun alle zusammen kommen waren, bat er, sie wollten ihnen die
Zeit nicht lassen lang sein, er wollte bald zu Tisch
schicken und aufdecken lassen. Klopfte demnach mit
einem Messer auf den Tisch. Da kam einer zur Stuben
hineingetreten, als wenn er sein Diener wäre, und
sprach: „Herr, was wollt ihr?" D. Faustus fragte:
„Wie behend bist du?" Er antwortet: „Wie ein Pfeil."
„O nein" sprach Faustus „du dienst mir nicht, gehe
wieder hin, wo du bist herkommen." Über eine kleine
Weile schlug er mit dem Messer aber auf den Tisch,
kam ein andrer Diener hinein, fragte, was sein Begehren wäre. Zu dem sprach D. Faustus: „Wie schnell
bist du denn?" Er antwortet: „Wie der Wind." „Es
ist wohl etwas" sagt D. Faustus „aber du thust itzt
auch nichts zur Sach, gehe hin, wo du herkommen
bist." Es verging aber ein kleines, da klopfte D. Faustus zum dritten Mal auf den Tisch. Kam wieder einer
einher getreten, sahe gar sauer ins Feld, sprach: „Was
soll ich?" Der Doctor fragete: „Sage mir, wie schnell
du bist, so sollst du hören, was du thun sollst." Er
sprach: „Ich bin so geschwinde, wie die Gedanken der
Menschen." „Da recht" sprach Faustus „du wirsts
thun." Und stund auf, ging mit ihm vor die Stuben,
sandte ihn aus und befahl ihm, was er für Essen und
Trinken holen und ihm zubringen sollte, damit er
seine liebe Gäste zum Besten traktieren könnte. Und
als er dies gethan, ging er bald wieder hinein zu seinen Gästen, ließ sie Wasser nehmen und zu Tisch
setzen. Wie solches geschehen, kam sein behendester
Diener bald getreten, brachte neben andern zweien

seiner Gesellen neun Gerichte oder Schüsseln, jeder drei, fein mit Deckschüsseln zugedeckt, wie es zu Hofe der Brauch ist, satztens auf den Tisch; darinnen waren die besten herrlichsten Speisen, von Wildpret, Vögeln, Fischen, Gemüsen, Pasteten, und mancherlei einheimischen Tieren, aufs köstlichste zugerichtet. Und solcher Trachten geschahen viel, waren zusammen 36 Essen oder Gerichte, ohn das Obst, Confect, Kuchen und ander Bellaria, so zuletzt aufgesatzt wurden. Alle Becher aber, Gläser und Kandeln wurden leer auf den Tisch gesatzt, und wenn einer trinken wollte, fragete ihn Faustus, was vor Wein oder Bier er begehrte; wenn ers nun genannt hatte, satzte D. Faustus ein Trinkgeschirr vors Fenster, in einem Hui war es voll desselben Getränks, und frisch, als wenn es erst aus dem Keller käme. Neben diesem waren auch vorhanden allerlei Saitenspiel, darauf seiner Diener einer so perfect war und wohl spielen konnte, daß kein Mensch sein Lebtag so lieblich gehört hatte, ja er konnte auch mancherlei Saitenspiel zugleich in einander bringen, daß ihrer viel, als Lauten, Positiffen, Zwerchpfeiffen, Harpfen, Zincken, Posaunen etc. zusammen gingen, und sahe man doch ihn alleine. In Summa, es mangelte da nichts an allem, was zur Fröhlichkeit dienete, und war niemand, der etwas mehr begehrte. Also brachten sie fast die ganze Nacht hin bis an den hellen Morgen, da er einen jeden ließ wieder nach Haus gehen.

*Ein Münch will D. Faustum bekehren.*

Das Gerücht von D. Fausto und seinen seltsamen Abenteuern erscholl bald, nit allein in der Stadt Erfurt, da er obgemeldte und dergleichen Possen viel angerichtet, sondern auch auf dem Lande, darum viel Adelspersonen und junge Ritter von der benachbarten

Fürsten und Grafen Höfen sich zu ihm gen Erfurt funden, und Kundschaft mit ihm machten, damit sie etwas wunderliches von ihm sehen oder hören möchten, darvon sie heute oder morgen zu sagen wüßten. Und weil solch Zulaufen so groß, daß zu besorgen, es möchte die zarte Jugend dadurch geärgert und verführet werden, daß sie auch zu dergleichen Schwarzkünstlerei Lust bekämen, weil sie es nur für einen Scherz und Geschwindigkeit hielten, und nicht vermeineten, daß der Seelen Gefahr darauf stünde, ward von etlichen Verständigen ein berühmter Barfüßermünch, Doctor Klinge genannt, welcher auch mit Doctor Luthern und D. Langen wohl bekannt war, angesprochen, weil ihm Faustus auch bekannt: er sollte ihn ernstlich fürnehmen, und um solche Leichtfertigkeit strafen und versuchen, ob er ihn aus des Teufels Rachen erretten könnte. Der Münch nahm dies auf sich, ging zum Fausto, redete erstlich freundlich, darnach auch hart mit ihm, erklärte ihm Gottes Zorn und ewige Verdammnis, so ihm auf solchem Wesen stünde, sagte: er wäre ein fein gelehrt Mann, könnte sich sonst wohl mit Gott und Ehren nähren, sollte sich solcher Leichtfertigkeit abthun, darzu er sich vielleicht in der Jugend durch den Teufel, der ein Lügner und Mörder, bereden lassen, sollte Gott seine Sünde abbitten, so könnte er noch Vergebung erlangen, weil Gottes Gnade niemals verschlossen etc. D. Faustus hörte mit Fleiß zu, bis er gar ausgeredet hatte. Da sprach er: „Mein lieber Herr, ich erkenne, daß ihrs gern gut mit mir sehen möchtet, weiß auch das alles wohl, was ihr mir jetzt vorgesagt; ich habe mich aber zu hoch verstiegen und mit meinem eigenen Blute gegen dem leidigen Teufel verschrieben, daß ich mit Leib und Seel ewig sein eigen sein wolle. Wie kann ich dann nun zurücke, oder wie mag mir geholfen werden?" Der Münch antwortete: „Das kann wohl geschehen, wenn ihr Gott um seine Gnade und

Barmherzigkeit anrufet, wahre Reu und Buße thut, und eure Sünde Gott abbittet und darvon gänzlich abstehet, auch hinfort solcher Zauberei und Gemeinschaft mit den Teufeln euch enthaltet, und niemand mehr ärgert noch verführt: so wollen wir Meß für euch halten in unserm Kloster, daß ihr wohl sollt des Teufels los werden." „Meß hin, Meß her" spricht D. Faustus „mein Zusag bindet mich zu hart; so hab ich Gott mutwillig verachtet und bin meineidig und treulos an ihm worden, hab dem Teufel mehr geglaubt und vertraut denn ihm, darum ich nicht wieder zu ihm kommen oder mich seiner Gnade, so ich verscherzt, getrösten kann. Zudem wäre es nicht ehrlich, noch mir rühmlich nachzusagen, daß ich meinem Brief und Siegel, das doch mit meinem Blut gestellt, zuwiderlaufen sollte; so hat mir der Teufel auch redlich gehalten, was er mir zugesagt, drum will ich ihm wieder redlich halten, was ich ihm zugesagt und verschrieben." Da solches der Münch höret, ward er zornig, sprach: „So fahr immer hin, du verfluchtes Teufelskind, wenn du dir je nicht willst helfen lassen, und es nicht anders willst haben." Und ging wieder von ihme, zeigte solches dem Rector in der Universität an und einem ehrbaren Rate; da ward die Verschaffung gethan, daß D. Faustus seinen Stab fürder setzen mußte. Und also kam er von Erfurt hinweg.

*Von 4 Zauberern / so einander die Köpf*
*abgehauen und wiederum aufgesetzt hatten /*
*darbei auch D. Faustus das sein thät.*

Doctor Faustus kam in der Fasten gen Francfurt in die Meß. Da berichtete ihn sein Geist Mephostophiles, wie in einem Wirtshaus bei der Judengassen vier Zauberer wären, die einander die Köpf abhieben und zum Barbierer schickten, sie zu barbieren, da viel Leut

zusahen. Das verdroß den Faustum, vermeinend, er
wäre allein des Teufels Hahn im Korb. Ginge dahin,
solches auch zu besehen, da sie, die Zauberer, schon
beisammen waren, die Köpfe abzuhauen; bei ihnen
war der Barbierer, der sollte sie putzen und zwagen.
Auf dem Tisch aber hatten sie einen Glashafen, mit
destilliertem Wasser. Einer unter ihnen war der für-
nehmste, der war ihr Nachrichter, der zauberte dem
ersten eine Lilien in den Hafen, die grünete daher;
und nannte sie Wurzel des Lebens. Darauf richtete er
den ersten, ließ den Kopf barbieren, und satzte ihm
hernach denselbigen wieder auf, alsbald verschwande
die Lilien und hatte er seinen Kopf wieder ganz. Das
thät er auch mit dem andern und dritten gleicher Gestalt, so ihre Lilien im Wasser hatten, darauf die
Köpfe barbiert und ihnen wieder aufgesetzt wurden.
Als es nun am obersten Zauberer und Nachrichter
war, und seine Lilie im Wasser auch daher blühete
und grünete, wurde ihm der Kopf abgeschmissen, und
es war an dem, daß man ihn zwagete und barbierete
in Fausti Gegenwärtigkeit. Dem Fausto aber stach
solche Büberei in die Augen und verdroß ihn der
Hochmut des Principal-Zauberers, wie er so frech mit
Gotteslästern und lachendem Mund ihm ließ den
Kopf herabhauen. Da geht D. Faustus zum Tisch, da
der Hafen und die Lilien stunden, nimmt ein Messer,
hauet auf die Blumen dar, und schlitzt den Blumen-
stengel von einander, dessen niemand gewahr worden.
Als nun die Zauberer den Schaden sahen, ward ihre
Kunst zu nicht, und konnten ihrem Gesellen den Kopf
nicht mehr ansetzen. Mußte also der bös Mensch in
Sünden sterben und verderben, wie dann der Teufel
allen seinen Dienern letztlich solchen Lohn giebt und
sie also abfertiget. Der Zauberer aber keiner wußte,
wie es mit dem geschlitzten Stengel wär zugegangen,
meinten auch nit, daß D. Faustus es gethan habe.

## Doctor Faustus verschenkt seinen zotteten schwarzen Hund / Prästigiar genannt.

Es ist oben angezeigt worden, wie D. Faustus einen Hund bei ihm gehabt, so ein Geist gewesen, der ganz und gar zottet war, und mit ihm hin und wider lief, den er Prästigiar nannte. Nun ging damals in den Klöstern und bei den Papisten die Schwarzkunst noch sehr im Schwang, und wer etwas damit konnte, der war in großem Ansehn. Dazumal wohnet um Halberstadt in einem Kloster ein Abt, der war ein Cristall-seher, und hatte in einem Cristall einen Geist, der sagt ihm nur von zukünftigen Dingen und wenn etwas gestohlen oder entfremdet war, item, was für ein Wetter ein jeder Monat haben würde, und dergleichen. Dieser Abt höret viel von dem D. Fausto, gedacht oft, wie er mit ihm billig Kundschaft machen sollt, damit er etwas weiters von ihm lernen möcht. Derowegen beruft er ihn auf einen Tag und rüstet ihm eine stattliche Mahlzeit zu. Summa, sie kamen so weit zusammen, daß sie einander Bruder nannten, doch wollt der Abt viel von ihm forschen und lernen, aber D. Faustus gab ihm stätig dunkeln Bericht. Darmit mußt sich der Abt genügen lassen. Er wollt ihm noch nicht willfahren, ihn wieder heim reisen zu lassen, sondern bat ihn, noch etliche Tage da zu verharren; da ging er einsmals in sein Gemach, nahm seinen Cristall in die Hand, und beschwur seinen Geist, der sollt ihm sagen, ob es D. Faustus gut oder arg mit ihm meinet. Das oraculum antwortet: „Ja er meinets gut, das sollst du ihm vertrauen, aber er hält noch hinter dem Busch, und weiß gar wohl, daß du mit gleicher Kunst umgehest. Wenn du mich aber wieder von dem Bann willst absolvieren und ledig sprechen, so will ich dir etwas raten, so dir besser bekommen wird denn daß du mich so lang hierin aufhältst." Der Abt versprach ihm das, da antwortet sein oraculum: „So ist dies mein Rat: dieweil du Brüderschaft ihm versprochen, so bitt und lieg ihm an, daß er dir seinen Hund Prästigiar schenke, denn er ist nicht ein Hund, sondern einer unter den fürnehmsten Geistern, von dem wirst du alles, was du begehrst, haben." Auf solche Sag freute sich der Abt, lag dem D. Fausto Tag und Nacht an, mit Bitt und Flehen, verhieß ihm darzu ein Summa Gelds, daß endlich sich D. Faustus bewegen ließ. Versprach ihm den Hund, doch nicht weiter denn drei Jahr, darüber sollte er ihm eine Verschreibung geben, daß er ihn nach solchen verlaufenen drei Jahren ihm wieder wolle zustellen. Dies ward bekräftiget und versprochen. Hierauf kündet D. Faustus seinem Hund Prästigiar den geleisteten Dienst auf obgemeldte bestimmte Zeit auf, und beschwur ihn, daß er dem Abt sollt gänzlich gehorsamen. Also ward die Brüderschaft bestätigt, der Abt sagt seinem Cristallgeist auf, ließ ihn ledig, welcher in einem gemachten dicken Nebel verschwand. Der Hund war ihm ganz gehorsam, wie ihn denn der Abt gar lieb hatte; und wenn fremde Gäste im Kloster einkehrten, sahe er bald, wie er ihn verstecken möchte. Dieser Hund hatte auf eine Zeit ein groß Klagen und Seufzen, wollt sich nicht bald sehen lassen und verbarg sich, wo er konnt. Da ihn der Abt ernstlich fraget, wie er es doch meinet, gab er ihm seufzend zur Antwort: „Ach lieber Abt, ich hab je gedacht, ich wollt die übrige Zeit meines zugesagten Dienstes bei dir beharren, aber ich sehe es, daß es nicht sein kann, das wirst du bald in kurzem erfahren; bitte dich, du wollest mich, was die Ursach sei, zu fragen unterlassen." So ließ es auch der Abt darauf anstehen, bald aber innerhalb acht Tagen fiel er in ein Krankheit, und im Wahnwitz fragte er stets nach seinem Hund, griff nach ihm und starb also.

*Von einer Gesticulation / da einem Bauern*
*4 Räder in die Luft hingesprungen.*

D. Faustus ward gen Braunschweig in die Stadt zu einem Marschalk, der die Schwindsucht hatte, ihm zu helfen, berufen und erfordert. Nun hatte aber D. Faustus diesen Gebrauch, daß er nimmer weder ritt noch fuhr, sondern war zu gehen gerichtet wohin er berufen wurde. Als er nun nahe zu der Stadt kame und die Stadt vor ihm sahe, begegnet ihm ein Bauer mit vier Pferden und einem leeren Wagen. Diesen Bauern sprach D. Faustus gütlich an, daß er ihn aufsitzen lassen und vollends bis zu dem Stadtthor führen wollte, welches ihm aber der Tölpel weigerte und abschlug, sagend, er würde genugsam ohne das herauszuführen haben. D. Fausto war solch Begehren nit ernst gewest, sondern hatte den Bauern nur probieren wöllen, ob auch ein Gütigkeit bei ihm zu finden wäre. Aber solcher Untreu, deren viel bei den Bauren ist, bezahlte D. Faustus wieder mit gleicher Münze, und sprach zu ihme: „Du Tölpel und nichtswürdiger Unflat, dieweil du solche Untreu mir beweisest, dergleichen du gewiß auch andern thun und schon gethan haben wirst, soll dir dafür gelohnet werden, und sollst deine vier Räder bei jeglichem Thore eins finden." Darauf sprangen die Räder in die Luft hinweg, daß sich ein jegliches Rad bei einem sondern Thor hat finden lassen, doch sonsten ohne jemands Wahrnehmen. Es fielen auch des Bauren Pferde darnieder, als ob sie sich nicht mehr regten. Darob der Bauer sehr erschrake, maß ihm solches für eine Straf Gottes zu, der Undankbarkeit halben; war auch ganz bekümmert und weinet, und bat den Faustum mit aufgereckten Händen und Neigung der Knie und Bein um Verzeihung, und bekannte, daß er solcher Straf wohl würdig wäre, es sollte ihm auf ein andermal ein Erinnerung sein, solcher Undankbarkeit nicht mehr zu gebrauchen. Darüber Faustum die Demut erbarmete, und antwortet ihm: Er sollts keinem andern mehr thun, dann kein schändlicher Ding wäre, als Untreu und Undankbarkeit, darzu der Stolz, so mit unterläuft. Doch sollt er nur Erde nehmen und auf die Gäul werfen, darvon würden sie sich wiederum aufrichten und zu sich kommen; wie auch geschah. Darnach sagt er dem Bauren: „Deine Untreu kann nit ungestraft abgehen, sondern muß mit gleicher Maß bezahlt werden. Dieweil es dich eine so große Mühe gedeucht hat, einen nur auf einen leeren Wagen zu setzen, so siehe: deine vier Räder seind vor der Stadt bei vier Thoren, da du sie finden wirst." Der Bauer ging hin und fands, wie D. Faustus ihm gesagt hatte, mit großer Mühe, Arbeit und Versäumung seines Geschäfts, das er verrichten sollte. Also traf Untreu ihren eigenen Herrn.

### D. Faustus hetzt zween Bauren aneinander.

Es reisete D. Faustus von ohngefähr durch das Land Jülich und Cleve, da begegnete ihm ein Bauer, so sein Roß vor etlichen Stunden verloren, und fragte, ob ihm nit ein Roß irgend unterwegen aufgestoßen, falb von Farben und starkes Leibes. D. Faustus wollte ein Bauern-Scharmützel anrichten und sagte zu dem Bauren: „Ja, guter Freund, es ist mir nit weit von hinnen einer begegnet, der reitet ein solches Roß, wie du mir beschrieben hast, und dünket mich wohl, es gehe nicht recht damit zu, denn er eilet tapfer fort." Der Bauer fragte, ob er nicht wüßte, wohin er seine Reise genommen hätte. Faustus sagte, er hätte sich samt dem Roß gleich wöllen über den Rhein führen lassen. Wie das der Bauer höret, sagt er D. Fausto des Berichts Dank, und eilet dem andern Bauren nach. Wie er an den Paß kommt, fragt er bei denen, so die Leute pflegen überzuführen, ob nicht einer mit einem falben Roß übergesetzt wäre. Sie antworteten ihm: Ja (wie auch wahr ware), er sei eben hinübergefahren. Der Bauer bat die Schiffleute, sie sollten ihn überführen, welches sie auf Bezahlung thaten. Der Bauer war nicht weit fortgezogen, da ersiehet er obgedachten falben Reuter auf einer Matten absitzen. „Wart" dacht er „ich will dich lehren Roß stehlen, du bist mir da nicht entrunnen, wie du meinest." Kommt in solchen Gedanken zu dem andern, greift ihn unbegrüßt mit harten ehrenrührigen Worten an, schilt ihn einen Dieb und Schelmen, als der ihm sein Roß diebsmäßiger Gestalt entritten. Der andre sagt, er solle gemach thun, das Roß sei sein eigen, er habe es niemand gestohlen; was er ihn da zeihe, habe er auf gut hoch stark breit beyerisch Deutsch in seinen losen Hals hinein erstunken und erlogen. „Ey, so hast du es erstunken" sagt der erste; und ließen von den Worten und fallen ungestümiglich zu den Streichen, zerzausen einander Haar und Bart dermaßen, daß sie von den unfreundlichen, starken Baurenstößen, so einer dem andern geben, ganz zerkratzt, zerrauft und zerschlagen, aller ermüdet von einander lassen mußten und Atem schöpfen. Und waren nun gleich an dem, daß sie erst mit ihren krummen Peterskolben einander die Köpfe zwagen wollten. Da ersiehet der, so den andern des Diebstahls ziehe, daß das Roß, so er anforderte und das seinem sonst durchaus gleich sahe, große Hoden habe, da doch seines ein verschnittener Mönch gewesen. Erschrickt derohalben, bittet den andern um Verzeihung, und erzählet ihme, wie es gangen sei. Was wollte der andere daraus machen? Sie waren alleine, vertrugen sich recht mit einander und behielt ein jeder, was er hatte.

*Faustus betreuget einen Pfaffen um sein Brevier.*

D. Faustus spazierte einmal zu Cölln mit einem seiner guten Bekannten, und wie sie mit einander von mancherlei schwätzen, begegnet ihnen ein Pfaff, der eilete der Kirchen zu und hatte sein Brevier, so fein mit silbernen Buckeln beschlagen, in der Hand. Fausto gefiel das Büchlein wohl, dachte: du kannst bei einem andern ein Deo gratias damit verdienen, und sagte zu seinem Gesellen: „Schau schau den Pfaffen, wie ein geistlich Gebetbuch hat er in der Faust, da Schellen die Responsorien geben." Dies erhört der Pfaff, siehet auf sein Buch, und wird gewahr, daß es ein Kartenspiel ist. Nun hat der Pfaff eben diesmals zu Haus gespielt gehabt, und meinet, er habe in der Eil die Karten für das Brevier unversehens ergriffen; wirfts derwegen aus Zorn von sich weg, und gehet brummelnd seines Wegs. Faustus und sein Geselle lachten des Pfaffen, huben das Buch auf, und ließen den Pfaffen laufen und ein ander Brevier kaufen.

*Faustus frißt einen Hecht / so er nicht gekochet.*

Es kame Faustus einsmals mit andern Reisenden in ein Wirtshaus in Thüringen, sprach neben seinen Reisegefährten die Wirtin in Abwesenheit des Wirts freundlich um Herberg an. Aber es ware dieselbe so holdselig wie jene zu Basel zur Krone, da sie ihre Gäste nit setzen konnte; antwortete dem Fausto, sie könne ihn samt seiner Gesellschaft nicht beherbergen, habe nichts zu essen, so sei ihr Mann auch nicht zu Haus. Faustus sagte: „Mein Wirtin, das laßt euch nit irren, wir wollen für gut nehmen, und desto enger zusammen sitzen." Sie ließ sich etwas bewegen, sagte ihnen zwar Herberg zu, wollte ihnen aber nichts zu essen geben. Da sagten etlich unter dem Haufen:

„Hätten wir ein Stück oder etliche von dem Hechte, so uns heute zu Mittag überblieben." Faustus sagte: „Gelüstet euch nach Hecht, so will ich sehen, was mein Koch vermag." Klopfte damit ans Fenster mit einem Finger und sagte: „Adfer, bring was du hast." Griff bald darauf fürs Fenster, und brachte eine große Schüssel voll aufs beste abgesottener Hechte samt einer großen kupfern Kannen mit gutem rheinischen Wein. Da waren sie alle fröhlich, weil es so wohl ginge. Und wiewohl sie sich etwas entsetzten, ließen sie sich doch den Faustum leicht überreden, aßen, zechten und lebten wohl. Gott geb, wer des Hechtes dargegen mangeln mußte.

## D. Faustus ein guter Schütz.

D. Faustus ließ sich auf eine Zeit bei einem großen Herrn und König in Dienste brauchen, und war auf die Artillerey und Geschütz bestellet. Nun war das Schloß, darin Faustus diesmal lage, von Kaiser Karles Spanischem Kriegsvolk belagert, darunter ein fürnehmer Oberster und Herr ware. Faustus sprach seinen Hauptmann an, ob es ihm gelegen, er wollte gedachten Spanischen Obersten, welcher damals in einem kleinen Wäldlein unter einem hohen Tannenbaume auf seinem Rosse hielte, über den Haufen von der Mähre herabschießen, ob er ihn gleich des Waldes halben nit sehen könne. Der Hauptmann wollte es ihm nicht gestatten, sondern sagte, er solle ihn sonst mit einem nahen Schusse erschrecken. Da richtet Faustus seine Stücke, so er vor sich hatte, und schoß in gedachten Baum, darunter diesmals der Spanier zu Morgen aß, dermaßen, daß die Stücker und Spreißen um den Tisch flogen. Wenn aber von den Feinden ein Schuß in die Festung gethan ward, schauete Faustus, daß er die großen Kugeln in seine Faust auffinge, als

wenn er mit den Feinden Ball schlüge. Er trat auch
bisweilen auf die Mauern und finge die kleinen
Kugeln in Busen und in die Ärmel zu Haufen auf.

### D. Faustus frißt einen Hausknecht.

Es saß D. Faustus mit etlichen in einem Wirtshaus und
soffen gut Sächsisch und Pommerisch zusammen mit
Halben und Ganzen. Da ihme nun, D. Fausto, der
Hausknecht die Becher und Gläser allzeit zu voll ein-
schenkt, dräuet er ihm, wenn ers ihm oft thäte, wollte
er ihn fressen. „Ja wohl, fressen“ sagte er, „einen
Dreck sollst du fressen“ und ließ sich des Fausti
Dräuen nicht anfechten, sondern schenkte ihm die
Gläser zu Verdruß nur voller ein. Da sperret Faustus
unversehens sein Maul auf, und verschlucket ihn ganz,
erwischt darauf den Kübel mit dem Kühlwasser und
sagt: „Auf einen starken Bissen gehört ein starker
Trunk“ und sauft den auch ganz aus. Der Wirt merkte
den Possen wohl, bate Faustum er solle ihm den
Hausknecht wieder lassen zukommen, er könne des
Dieners jetzt nit wohl mangeln, weil er mit vielen
Gästen überfallen. Faustus lachte und sagte, er solle
sehen was draußen unter der Stiegen wäre. Der Wirt
ging hinaus und schauete unter die Stiegen; da saß der
arme Tropf, aller begossen und triefend wie ein naß
Kalb, zitternd vor Furcht. Der Wirt zog ihn herfür:
und lachten die Gäste des vollen Einschenkens genug.

### D. Faustus hauet einem den Kopf ab.

Es ward D. Faustus von etlichen guten Gesellen zu
Gaste geladen in ein Wirtshaus. Nach der Mahlzeit
sprachen ihn die Bursch an, er sollte sie etwas von
seiner Kunst sehen lassen, und unter andern, wie es

mit dem zauberischen Kopfabhauen ein Gestalt hätte. Faustus ware zwar etwas beschwert dazu, doch ihnen zu Gefallen rüstet er sich zu dem Possen. Nun wollte aber niemand gerne seinen Kopf dazu leihen, wie zu erachten. Letztlich läßt sich der Hausknecht durch die Gesellschaft mit Geschenk bewegen und bereden, daß er sich darzu wollte brauchen lassen, dingete doch dem Fausto in bester Form gewiß an, daß er ihm seinen Kopf wiederum recht sollte anmachen. Denn sollte er also ohne Kopf darnach sein Amt versehen, was würden die Gäste darzu sagen? Endlich auf des Fausti Verheißen wird ihm der Kopf gut scharfrichterisch herabgeschlagen, aber das Wiederanmachen wollte nicht von statten gehen, was auch gleich Faustus anfinge. Da sprach er, Faustus, zu den Gästen: es sei einer unter ihnen, der ihn verhindere, den wollte er vermahnet und gewarnet haben, daß ers nit thue. Darauf versuchet ers abermal, konnte aber nichts ausrichten. Er vermahnete und dräuete deme zum andern Male, er solle ihn unverhindert lassen, oder es werde ihm nicht zum besten ausschlagen. Da das auch nit half, und er den Kopf nicht wieder ansetzen konnte, läßt er auf dem Tisch eine Lilge wachsen, der haut er das Haupt und die Blume oben ab: alsbald fiel einer von den Gästen hinter sich von der Bank, und war ihme der Kopf abe. Der war der Zauberer, der ihn verhindert hatte. Da setzte er dem Hausknechte seinen Kopf, wie er ihm verheißen hatte, wiederum auf, und packte sich von dannen.

### D. Fausti Gäste wöllen ihnen die Nasen abschneiden.

D. Faustus hatte in einer fürnehmen Reichsstadt etliche stattliche Herren zu Gaste geladen, und doch nichts auf sie zugerichtet. Wie sie nun kamen, sahen sie wohl den Tisch gedeckt aber die Küche noch kalt. Es hatte aber denselben Tag ein nicht schlechter Bürger allda Hochzeit gehalten, und waren nun die Hochzeitleute auf diesen Abend am Werke, daß sie den wiederkommenden Gästen zum Nachtessen zurichteten. D. Faustus wußte dies alles wohl, befahle seinem Geiste, er sollte ihm von der Hochzeit ein Schüssel voll Bratens, Fisch und anders, seine Gäste zu bespeisen, eilends abholen. Bald darauf fallt in dem Hause, darin die Hochzeit gehalten, ein heftiger Wind zum Schornstein, Fenstern und Thüren hinein, wehet alle Lichter aus, dessen sie alle erschrocken, wie zu erachten. Als sie sich nun besinnen, und zu sich selbst kommen, Licht wieder angezündet und gesehen, was das für ein Tumult sei gewesen, da befinden sie, daß an einem Spieße ein Braten, am andern ein Huhn, am dritten ein Gans, im Kessel die besten Fisch mangeln. Da ware Faustus und seine Gäste versehen mit Speis. Wein mangelte aber nit lang, denn Mephostophiles war auch schon auf dem Wege, nach Augspurg zu ins Fuggers Keller; da brachte er vollauf. Nachdem sie gegessen hatten, begehrten sie, warum sie fürnehmlich kommen waren, daß er ihnen zu Lust ein Gaukelspiel machete. Da ließ er auf dem Tisch in Reben wachsen, mit zeitigen Trauben, deren für jedem eine hinge. Hieß darauf einen jeglichen die seine mit der einen Hand angreifen und halten, und mit der andern das Messer auf den Stengel setzen, als wenn er sie abschneiden wollte. Aber es sollte bei Leibe keiner schneiden. Darnach gehet er aus der Stuben und wartet nit lang, kommt wieder: da sitzen sie alle und halten sich ein jeglicher selbst bei der Nasen und das Messer darauf. „Wenn ihr nun gerne wollt, so möget ihr die Trauben abschneiden." Das war ihnen ungelegen, wollten sie lieber noch lassen zeitiger werden.

### D. Faustus schieret einem Meßpfaffen den Bart gar unsäuberlich.

Als auf eine Zeit D. Faustus zu Battoburg, welches an der Maas liegt und mit dem Herzogtum Geldern grenzet, in Abwesenheit Graf Hermanns von ohngefähr in Gefängnis kommen, hat ihm der Capellan des Orts, Johann Dorstenius, viel liebs und guts erzeigt, allein der Ursachen halben, dieweil er, Faustus, ihme, dem Pfaffen, zugesagt, er wollte ihm viel guter Künste lehren und zu einem ausbündigen erfahrenen Mann machen. Derohalben, dieweil er sahe, daß Faustus dem Trunk sehr geneiget ware, schicket er ihm aus seinem Haus so lang guten Wein zu, bis das Fäßlein schier nachließ und gar leer wurde. Als nun eines Tages der Pfaff zum Fausto kame und unter anderm sagte, er wollte gen Graven gehn und sich daselbst barbieren lassen, sagte D. Faustus, er wollte ihn eine Kunst lehren, daß er ohne Schermesser des Barts ganz sollte abkommen. Da nun der Pfaff begierig war, solch Kunststück zu hören, sagte Faustus, er sollte nur aus der Apothek Arsenicum holen lassen, und den Bart und Kinn wohl damit reiben. Sobald der Pfaff das gethan, hat ihm gleich das Kinn dermaßen anfangen zu hitzen und brennen, daß nicht allein das Haar ihm ausgefallen, sondern auch die Haut mitsamt dem Fleisch gar abgangen ist. Ich meine, das hieß dem Pfaffen den Bart scheren und den Wein zahlen. Fausti Mephostophiles kame bald darauf und lösete ihn aus der Gefängnis und fuhre mit ihm darvon.

### D. Faust ergreift einen Regenbogen mit der Hand.

Es verreisten etliche Kaufleut mit D. Fausto hinab gen Francfurt in die Meß, und kamen auf dem Odenwald

Abends in ein Städtlein Boxberg genannt. Da der eine
Kaufmann dem Kellermeister allda verwandt war, so
berufte der sie allesamt hin auf das Schloß, welches
ziemlich hoch liegt. Indem sie einander mit Trinken
zusetzten, sahe es gar trüb am Himmel aus als ob ein
Wetter kommen wollt; denn es war Vormittag ein
schöner Tag gewesen. Da sagt einer, der zum Fenster
hinaus sahe: „Es steht ein schöner Regenbogen am
Himmel." D. Faustus spielet gerade mit den Karten;
da er solches höret, stund er von dem Tisch auf und
sahe hinaus, und sagte: „Was soll es gelten, ich will
diesen Regenbogen mit der Hand ergreifen." Da
liefen die andern, so solches hörten, von dem Tisch,
diesem unmöglichen Ding zuzusehen, denn der Regenbog stund gar weit von der Gegend um Boxberg
herum. D. Faustus streckt die Hand heraus, alsbald
ging der Regenbogen über das Städtlein her, gegen
dem Schloß zu, bis an das Fenster, daß also D. Faustus
den Regenbogen mit der Hand faßt und aufhielt.
Sagt auch darauf, so auch die guten Herren wollten
zusehen, so wollte er auf diesen Regenbogen sitzen
und darvon fahren. Aber sie wollten nicht, und baten
dafür; alsbald zog Faustus die Hand ab, da schnellet
der Bog hinweg, und stund er wie zuvor an seinem Ort.


### D. Faustus verschafft / daß die blökenden
Kühe stille werden.


Dem D. Faustus gefiel die Gelegenheit der Stadt
Hailbrunn gar wohl, auch, dieweil allda eine so feine
kurzweilige Gesellschaft zu finden, hätt er sein Wohnung bei einem Bürger, dem Breunle, da er viel Kurzweil gepflegt. Auf ein Zeit war D. Faustus betrunken,
und Abends trieb der Hirt die Kühe ein, die hatten ein
groß Geplärr und Geschrei. Er sahe zu dem Fenster
hinaus und nahm wahr, daß der Küh war eine Menge.

Darauf sagt er: „Ich kann solches Ungeziefer mit ihrem ungestümen Geschrei nit mehr leiden, denn es kommen erst dort von fernen noch mehr, sie bringen mich von Sinnen, ich will ihnen ihre Sprach ein wenig vertreiben." Da nun die Kühe wollten mit Geschrei am größten sein, und nach ihrem Stall und Häusern sahen, verschafft Faustus, daß sie alle ihre Mäuler offen hätten, und sahe so gar wunderbarlich aus, daß sie so bald waren still worden, und so einmütig mit offenen Mäulern zu Haus gingen. Die Weiber, so auf die Küh warteten, erschraken gar sehr, sprach ein Nachbarin zur andern: „Elß, Lisabeth, hat dein Kuh auch ein offen Maul, ach, was ist ihnen geschehen?"

### D. Faustus kommt hinein in eine verschlossene Stadt.

D. Faustus war auch mit einer guten Bursch von Hailbrunn aus gen Weinsperg gangen, und hatte ihm allda ein Mahlzeit zurichten lassen; die Gesellschaft verzog sich aber bis in die Nacht, daß sie besorgten, sie würden das Thor der Stadt Hailbrunn nicht mehr erreichen, derhalben sie den Faustum baten, er sollt mit ihnen eilen, er aber antwortet, sie sollten nur fortgehen, er wolle noch wohl in die Stadt hinein kommen. Also lief die Gesellschaft dem Thore zu, da man eben das Thor wollte zuschließen. Diese Gesellschaft versammelt sich in der Stadt auf einem Platz, legten an, wo sie noch ein Mäßlein Wein oder zwei trinken wollten; einer sagt: „Ich wollt auch gern mithalten, wenn D. Faustus bei uns wär, er aber ist ausschlossen worden." Indem gehet D. Faustus in die Gassen hinein, und kommt zu ihnen und sagt: „Wohlan, wo wollen wir noch ein Mäßlein Wein trinken?"

## D. Faustus hat einen Teufel geschissen.

Es soll D. Faustus, wie die alten Sieder sagen, in die Reichsstadt Schwäbischen-Hall kommen sein. Damals ist er in der Schuhgassen bei einem Wirt eingekehrt und hat sich gar still gehalten, auch seinen Namen nicht zu erkennen geben, aber redlich hat er mit den Gästen getrunken. Auf einen Tag ist er mit dem Wirt auf einen Platz spazieren gangen, den man den Underwert nennt, denn es stehen auf solchem Platz gar schöne Linden, und lauft das Wasser des Kocher an zweien Orten fürüber. Dieser Ort gefiel dem Fausto gar wohl. Als er nun auf solchem Platz auf und nieder spazieren ging, sein etliche Sieder vorüber gegangen, und sind auf das Gehenk, so über das Wasser gemacht worden, gestiegen, und allda still gestanden, haben den Faustum angesehen und ihr Gespött getrieben. Denn es ist um die Sieder ein solches Volk, wie in solcher Stadt ein Sprichwort ist, daß wenn Christus selbsten sollte durch das Hall gehen, er ohn Gespött oder unbeschissen nicht darvon kommen würd. Also widerfuhr es dem D. Fausto auch, denn einer sagt: „Wer ist dieser klein hockend Mann?" Der ander antwortet: „Es ist der Esopus." Der dritte sagt: „Es ist der Bandelstrobel." Solches Gespött ist dem Fausto durch seine Kunst bewußt gewesen, und da er auch ziemlich bezecht war, redet er sie an: was er ihres Gespötts bedürft, sie wollten wohl, daß er ihnen einen Teufel schisse? Deß mußten die Sieder erst recht lachen. D. Faustus nicht unbehend, zeucht die Hosen ab, zeigt ihnen den Hintersten, da fuhr heraus ein ganz feuriger Strahl, auf die Sieder zu, und fiel in den Kocher ins Wasser. Der Strahl fuhr am Wasser auf und nieder, und wischt dann zuletzt unter das Wasser; bald steigt ein kohlschwarzer Mann heraus, ganz zottet, ging auf die Sieder zu; da sie solches sahen, sie nicht unbehend, und liefen von dem Gehenk. Es soll sich auch D. Faustus haben vernehmen lassen, wenn ein Sieder darunter, so auf dem Gehenk gestanden, wär in das Wasser gefallen, so hätte ihn der Teufel getötet, daher darnach das Sprichwort entsprungen, wenn einem ein Unglück oder sonsten etwas widerfahren ist, daß man sagt: „Er hat den Teufel in den Kocher geschissen."

### D. Faustus macht einem Wirte einen Poltergeist in seiner Behausung.

Es kam D. Faustus auf ein Zeit gen Gotha in die Stadt zu einem Wirt, bei dem blieb er über die 14 Tag, daß er also nichts thäte denn bankettieren, fressen und saufen. Man hielt ihn auch stattlich und ehrlich, denn er war kein Sparhaf sondern frisch Geld. Das gefiel dem Wirt gar wohl, trug ihm nicht allein auf, sondern er bestellt ihm auch viel Saitenspieler. Aber es wollt zuletzt einen bösen Ausgang gewinnen; denn D. Faustus wollt des Wirts Frauen zu nahe gehen, welches der Hausknecht zeitlich wahrnahm, und da sein Herr zu früh aus der Kirchen kam, zeigt er ihm solches an. Der überlief mit Spießen Faustum, eh er es gewahr nahm. Nun gedachte Faustus, er wollt ihm in solchem plötzlichen Überfall ein Stück von seiner Zauberei sehen lassen, aber Gott, der aller Frommen ein Beschützer ist, der bewahrte den Wirt vor solchem Übel, und entging also dem Faustus. Hernach konnte Faustus dieser Schmach nicht vergessen. Denn als der Wirt in dem Herbst Most und Wein in den Keller bracht, und derhalben der Hausknecht oft hinab gehen mußt, da verlöscht ihm allewege das Licht, ja man konnte bei Nacht weder mit Laternen noch mit Fackeln hinabkommen, denn sie wurden alle ausgeblasen. Darzu die übrige ganze Nacht ward in dem Keller ein solches Poltern und Kieffmeisterschlegeln, daß nit allein der Wirt solchen Jammer sehen mußt, sondern die Nachbarn beklagten sich auch selbst. Also lohnet D. Faustus dem Wirt, daß er hernach von seiner Wirtschaft ablassen und die aufgeben mußt. Wie noch die Sag, daß bis auf den heutigen Tag in solcher Wirtschaft niemand wohnen noch in den Keller kommen könne.

Magister Moir meldet von dieser Histori, daß Faustus sie selbst hab aufgezeichnet, wie folget: „Anno 35 kam ich zu einem Wirt, Valtin Hohenmeyer, der hat mich also heimgesucht, daß ichs nicht besser gewünscht hätte. Er ist mir gram gewesen, doch hat er dessen wohl entgelten und büßen müssen, ich hoff, mit meiner Kunst solle weder er, noch jemand, der darinnen wohnen wird, kein Glück noch Segen haben, wie mir dann mein Geist hoch versprochen."

### D. Faustus führet einen jungen Pfalzgrafen gen Heidelberg.

Es hat ein junger Pfalzgraf zu Wittenberg gestudieret, der erfuhr, daß der König in Franckreich würde gen Heidelberg stattlich ankommen, da man vielerlei Turnier und Spiele halten und üben würde. Nun wünschte ihm dieser junge Herr, dieser Lustbarkeit beizuwohnen und zuzusehen, ging deshalb zu D. Fausto, und ersuchet ihn mit Bitt und großer Verheißung, daß er ihm in dieser Sachen möchte behilflich sein. D. Faustus ließ sich bereden und richtete ihm ein Pferd zu, darauf sollte er sitzen und dasselbe nur stracks fortlaufen lassen, denn es würde selbst den Weg finden. Er sollte aber zuvor sich mit Essen und Trinken erlaben, denn da würde kein Ausspannen mehr denn bis gen Heidelberg sein, und wenn er dann dahin bis an das Stadtthor kommen würde, so sollte er dem Pferd den Zaum herabthun und ihn vergraben; und wenn er dann des Pferds bedürfte, so sollte er den Zaum wieder herausgraben und ihn dreimal schütteln, so würde das Pferd vorhanden sein. Der junge Fürst aus Freuden saß auf, da ging das Pferd von Post zu Post so geschwinde, wie ein Bolzen von der Sehnen, kam in sieben Stunden hinab, und da die Sonn schon wollt zur Ruhe gehn, kam er für das Thor, stieg allda ab, vergrub den Zaum; das Pferd eilet wieder hinweg, der jung Herr ging zu Hof. Da ward er erkannt, und man zeigt solches dem Churfürsten an, der fordert ihn; und dieweil der junge Fürst sahe, daß allda nur des Königs Legaten waren ankommen, eilet er noch bei Nacht zu der Stadt hinaus, grub den Zaum herfür, schüttelte ihn dreimal, alsbald kam das Pferd wieder, kam noch des Nachts drei Meil weit von Heidelberg, und morgens gar früh um Tageszeit war er schon wieder zu Wittenberg in seiner Herberg. Dem alten Pfalzgrafen beginnt ganz sorglich zu sein, daß der jung Fürst, so allda war ankommen, wie man ihn dann ja sichtbarlich erkannt, sich so bald sollt verloren haben. Schriebe also gen Wittenberg, zu erforschen, ob er allda wäre, oder ob er zu der Zeit etwan wäre außen gewesen. Man gab ihrer churfürstlichen Gnaden Antwort, man hab nicht gesehen, daß er der Zeit jemals von Wittenberg hinweg gewesen wäre.

### D. Faustus jagt in der Luft.

D. Faustus kam auf ein Zeit gen Leipzig in die Stadt, in der anderen Meß nach Ostern, mit etlichen Studenten, die hätten ein gutes Mütlein mit allem Wollust. Damals kam in der Stadt an ein Cardinal aus Rom, mit Namen Laurentius Bischof Praenestinus Cardinal Campegius, der ging um die Stadt spazieren. Das er-

fuhr Faustus, der ihn auch gern sehen wollt, und als er
mit Gesellschaft auch dahin kam, da sagte er: „Nun
hab ich des Teufels Mastschwein gesehen; ich will ihm
zu Ehren ein Jagen anrichten, doch daß es unserm
Landesfürsten in seinem Territorio nicht praejudicir-
lich sei." Alsbald zog daher sein Mephostophiles mit
vielen Hunden, und er ging auch wie ein Jäger. Darauf sagte er zu seiner Gesellschaft, sie sollten allda
verharren und solchem Spiel zusehen. Indem sahen sie
in der Luft wie Füchs und Hasen. Faustus setzt an
sein Hörnlein, blies auf, da fuhren die Hunde mit
dem Mephostophile hinauf in die Luft; alsbald kam
Faustus mit den andern Hunden und Stöbern hernach,
der blies in den Lüften daher, darob die Zuseher eine
sonderliche Freud hatten. Die Hund trieben und äng-
steten die Füchs und Hasen so weit in die Höhe, daß
man sie kaum sehen konnt, dann kamen sie wieder
herab, das währet etwan ein Stund. Darnach verschwunden die Jäger, Hund, Füchs, Hasen; und Faustus trat in der Luft herab auf den Boden des Erd-
reichs zu den Studenten. Das sahe alles der Cardinal,
ließ seinen Lakeyen dahin laufen, zu sehen, wer die
Person wäre. Der Cardinal bat ihn auch zu Gast, und
zeigt ihm seinen geneigten Willen an. Da er nun erschiene, und der Cardinal erfuhr, wer er wäre und
was er könnte, setzt er an ihn mit hoher Verheißung:
wenn er mit ihm gen Rom ziehe, daß er ihn zu einem
großen Herrn machen wollte, sonderlich, weil er der
Astrologiae so hoch erfahren wäre. Faustus sagt ihm
seines geneigten Willens halber Dank, und antwortet
ihm, er habe Guts genug, so hab er auch ein Reich,
das sei in den Lüften und sei ihm der höchste Potentat
dieser Welt unterthänig. Also hat er die Mahlzeit
empfangen, und ist darvon gegangen; der Cardinal
aber hat etwas neus aus dem Teutschland gen Rom
gebracht.

### D. Faustus macht einem Freiherrn eine schöne Lust von vielerlei Vögeln.

D. Faustus war in einem großen Ansehen bei einem Freiherrn, denn er oft von seiner Arznei wegen dahin gefordert war. Dieser Freiherr hatte seinen Sitz zu Helpede, bei Eisleben gelegen, und als auf ein Zeit D. Faustus bei diesem Herrn auf dem Schloß Helpede allein war, und bei sich betrachtet, was Gutthat ihm der Freiherr jederzeit erzeigt hätte, und darneben Faustus an sein Elend gedacht, wie er noch eine kurze Zeit zu seinem End hätte, sprach er den Freiherrn mit diesen Worten an: „Gnädiger Herr, ich besorg, daß wir bald werden von einander scheiden, denn ich hab in meiner Astrologia und andern Künsten soviel ergründet, daß ich bald werde sterben müssen, aber ich betrachte noch die Gutthat, so Ew. Gnaden mir jederzeit erzeigt hat, und dieweil man sagt im Sprüchwort, Undankbarkeit sei ein groß Laster, so bitt ich Ew. Gnaden, ihr wollet auch etwas von mir begehren, aber Gold und Silber, das hab ich nicht, sonsten aber so ich nur mit meiner Kunst euch kann etwas beweisen, das wollet ihr fordern.“ Der Freiherr antwortet: „Wohlan, lieber Fauste, ich will eure Anforderung in Gnaden erkennen, aber meines Bedünkens wüßte ich nicht, was ich begehren sollt.“ Faustus fing an zu reden: „Gnädiger Herr, Ew. Gnaden hat allda in diesem Schloß ein schön Aussehen, sonderlich weil der Wald hie nahe darbei ist, aber von wegen der rauhen Luft scheuen sich die Vögelein. Jedoch bei den nächsten Bäumen gegen das Schloß her will ich etwas graben, daß alsdann kein Vogel wird können fürüber fliegen, er muß zuvor in diesem Wald einkehren. Da denn Ew. Gnaden ein schön Aussehen wird haben und bekommen, zu hören den lieblichen Gesang der Vögel.“ Solche Schenkung hat ihm der Freiherr wohl lassen gefallen. Als nun der Frühling heran gerückt, da kamen die Nachtigallen, so zuvor nie da gehört worden, darnach die Distelfinken, Zeißlein und andre liebe kleine Vögelein; da sahe man auch andre Vögel, als Amsel, Drossel, Krammeter, Halbvögel, Atzel, Wildtauben, Häher, Aurhahnen, Fasanen, Haselhühner, viele Arten von Sperber und Weihen, das alles lustig und anmütiglich zu hören und zu sehen war. In dem andern Jahr aber sahe man allda andere Vögel, als Falken, Kautzen, die nesteten allda, also auch die Storchen und sonderlich die Reyher, für welche Lust der Freiherr nicht ein großes Geld genommen hätte. Es hat D. Faustus auch diesen Herrn und seine Vogelsteller gelehrt und unterrichtet, wie sie acht haben sollten auf einen jeden Vogel, was er zukünftige Ding verkündigte mit seinem Schreien, Fliegen, Schnattern, Pfeiffen und Stillsitzen, und hat solche Lehr und Unterrichtung dem Freiherrn und andern gar perfect zugeschlagen, was für ein Jahr, Sommer oder Winter sein würde, wie es soll wittern, was sie für Glück oder Unglück anzeigen, und was in diesem Jahr alles wird geschehen. Sonderlich in dem Schloß waren solche Eulen, wenn ein Unglück oder Schaden sollte geschehen, so schrieen sie bei hellem Tag kläglich, und was solches sein mag. Man schreibt aber, als D. Faustus gestorben, sind diese Vögel alle gemach verflogen, jedoch wie andere melden, so sind ihrer noch etlich allda.

### D. Faustus führt einen Gefangenen vom Adel wieder zu Haus / da sein Weib eine andere Hochzeit hielt.

Es kam ein stattlicher vom Adel gen Leipzig, und ließ ihm in dem Wirtshaus eine herrliche Mahlzeit zurichten; indem wird ihm angezeigt, wie D. Faustus gestorben und er ein schrecklich Ende genommen hätt.

Da erschrak dieser von Adel herzlich und sprach: „Ach das ist mir leid, er war dennoch ein guter dienstwilliger Mann, und mir hat er eine Gutthat bewiesen und erzeigt, daß ich solches die Zeit meines Lebens nimmer vergessen kann: und hat mir aus großer Dienstbarkeit in Türckey geholfen. Denn es war mit mir also geschaffen: Als ich vor 7 Jahren noch ledig war und zu Wittenberg studierte, bekam ich Kundschaft zu ihm. Der Zeit war zu Dreßden eine adeliche Hochzeit, dahin kam ich auch, und gefiel mir am Tanz eine Jungfrau vom Adel trefflich wohl, und gedacht, es wäre keine schöner vor meinen Augen denn sie. Zu der macht ich Kundschaft, also daß daraus eine Ehe ward, führte sie auch mit Wissen meiner Eltern zur Kirchen. Als ich in guter Ehe ein Jahr ohngefähr bei ihr wohnte, da ward ich von etlichen meinen Vettern verführt, daß ich in trunkener Weis ihnen aus adelichem steifen Trauen und Glauben verhieß, daß ich mit ihnen zu dem heiligen Lande gen Jerusalem wollte fahren; hielt auch solches unverbrüchlich. Es sturben ihrer aber etliche unterwegen, und kamen unser drei kaum darvon und waren zu Rat, daß wir wollten gen Byzanz in Graecia ziehen, des Türcken Wesen und Hofhaltung zu sehen. Darüber wurden wir ausgekundschaftet und gefangen, und mußten unser hartselig Leben fünf Jahr in schwerer Dienstbarkeit zubringen. Der ein mein Vetter starb darüber, da kam die Sag in das teutsch Land zu meinen Freunden, wie es gewiß, daß ich gestorben wäre. Indem bekam meine Hausfrau Werber, und ließ sich bereden zu heiraten, und war die Hochzeit und alles angestellt. Solches ward dem Fausto, meinem guten Freund, wissend gethan, der hatte darob ein groß Mitleiden, fordert darauf seinen Geist, fragt ihn, ob ich noch am Leben wäre, und als er von ihm vernahm, wie ich noch lebte, wäre aber in einem großen exilio und schwerer Dienstbarkeit, legt er seinem Geist ernstlich auf, daß er mich wieder sollt zu Land in mein patriam stellen, und dahin führen. Der Geist kam mit Fausto um Mitternacht, da ich auf der Erden lag (denn das war mein Bett) und mein Elend betrachtete, zu mir hinein und es ward gar hell. Ich gedachte, ich sollt den Mann zuvor auch gekennt haben. Da fing er mit mir zu reden an und sprach: „Kennst du deinen treuen Freund D. Faustum nicht mehr? wohlauf du mußt mit mir, und dich deines Leids wiederum ergetzen." Kam also schlafend in des D. Fausti Behausung; da empfing er mich stattlich, zeigt mir an, wie sich meine Hausfrau verheiratet hätte, und diese Nacht wäre der erste Beischlaf gewesen, aber es wär ihnen nicht wohl geraten, denn er hätte dem Bräutigam seine männliche Kraft genommen, also daß die Braut erst nach ihrem Mann geseufzt habe, und tobte der Hochzeiter, als wollte er rasend werden. Als der ander Tag daher kam und sollt der Kirchgang vollzogen werden, kam ich wohl unterrichtet zu früher Zeit an den Ort, da die Hochzeit angestellet war, und als mich mein Hausfraue sahe, erschrak sie erstlich, darnach sprach sie mich an, ob ich ihr rechter Mann oder ein Geist wäre. Ich antwortet ihr, wie ich es wär, und daß die Aussag meines Sterbens nicht wahr wäre „und zum Wahrzeichen hat mich D. Faustus aus der Türckey abgefordert, wie ich noch mit meinen Kleidern allda stehe." Darauf ist sie mir zu Füßen gefallen, hat um Verzeihung gebeten, und hat alsbald die Freundschaft berufen lassen, und ihnen meine Ankunft zu wissen gethan; auch darauf die Scheidung des jetzigen Bräutigams begehrt, weil er auch doch kein Mann wäre. Als dieser Hochzeiter die Klag angehört, ist er auf seinen Klepper gesessen, und darvon geritten, da noch niemand weiß, wo er hinaus ist. Eine solche Gutthat hat mir der gute D. Faustus erzeigt, was ich ihm an Gelde und Gut nicht hätte bezahlen können."

*Von einem alten Mann / so D. Faustum von seinem*
*gottlosen Leben abgemahnt und bekehren wöllen /*
*auch was Undank er darüber empfangen.*

Ein christlicher frommer gottesfürchtiger Arzt und
Liebhaber der H. Schrift, auch ein Nachbar des D. Fausti, sahe, daß viel Studenten ihren Aus- und Ein-
gang bei dem Fausto hätten, als einen Schlupfwinkel,
darinnen der Teufel mit seinem Anhang und nit Gott
mit seinen lieben Engeln wohneten. Nahme ihm also
für, D. Faustum von seinem teuflischen, gottlosen
Wesen und Fürnehmen abzumahnen; berufte sich deswegen aus einem christlichen Eifer in seine Behausung.
Faustus erschiene, und unter der Mahlzeit redete der
Alte Faustum also an: „Mein lieber Herr und Nachbar, ich habe zu euch eine freundliche christliche Bitt,
ihr wöllet mein eifrig Fürtragen nicht in Argem und
Ungutem an- und aufnehmen, darneben auch die
geringe Mahlzeit nicht verachten, sondern gutwillig,
wie es der liebe Gott bescheret, damit fürlieb nehmen." D. Faustus antwortete darauf, er sollte ihm
sein Fürhaben erklären, er wollte ihm gefälligen Gehorsam leisten. Da finge der Patron an: „Mein lieber
Freund und Nachbar, ihr wisset euer Fürnehmen, daß
ihr Gott und allen Heiligen abgesagt, und euch dem
Teufel ergeben habt, damit ihr in den größten Zorn
und Ungnad Gottes gefallen und aus einem Christen
ein rechter Ketzer und Teufel worden seid. Ach was
zeiht ihr eure Seel! Es ist um den Leib nit allein zu
thun, sondern auch um die Seel, so ruhet ihr in der
ewigen Pein und Ungnad Gottes. Wohlan, mein Herr,
es ist noch nichts versäumt, wenn ihr nur wieder um-
kehret, bei Gott um Gnad und Verzeihung ansuchet;
wie ihr sehet das Exempel in der Apostelgeschichte im
8. Capitel, von Simone in Samaria, der auch viel Vol-
kes verführt hatte, denn man hat ihn sonderlich für
einen Gott gehalten, und ihn die Kraft Gottes, oder

Simon Deus sanctus genennt; dieser war aber hernach auch bekehret, als er die Predigt S. Philippi gehöret, ließ er sich taufen, glaubt an unsern Herrn Jesum Christum, und hielt sich hernacher viel bei Philippo. Dies wird in der Apostelgeschichte sonderlich gerühmt. Also mein Herr, laßt euch mein Predigt auch gefallen, und eine herzliche christliche Erinnerung sein. Nun ist die Buß, Gnad und Verzeihung zu suchen, dessen ihr viel schöner Exempel habt, als an dem Schächer, item an S. Petro, Matthäo und Magdalena. Ja zu allen Sündern spricht Christus der Herr: Kommt her zu mir alle, die ihr mühselig und beladen seid, ich will euch erquicken. Und im Propheten Ezechiel: Ich begehr nicht den Tod des Sünders, sondern daß er sich bekehre und lebe. Denn seine Hand ist nicht verkürzt, daß er nicht mehr helfen könnte. Solchen Fürtrag bitte ich, mein Herr, laßt euch zu Herzen gehen, und bittet Gott um Verzeihung. Um Christi Willen steht von eurem bösen Fürnehmen ab, dann die Zauberei ist wider die Gebote Gottes, sintemal ers beides im Alten und Neuen Testament schwerlich verbeut, da er spricht: man solle sie nicht leben lassen, man solle sich nicht zu ihnen halten, noch Gemeinschaft mit ihnen haben; denn es seie ein Greuel vor Gott. Also nennt S. Paulus den Bar Jehu oder Elimas den Zauberer ein Kind des Teufels, einen Feind aller Gerechtigkeit; und daß sie auch keinen Teil an dem Reich Gottes haben sollen." D. Faustus höret ihm fleißig zu, und sagte, daß ihm die Rede wohl gefiele, und bedankt sich dessen gegen den Alten seines Wohlmeinens halber und gelobte solchem, so viel ihm möglich wäre, nachzukommen, damit nahme er seinen Abschied. Als er nun zu Haus war, dachte er dieser Lehr und Vermahnung fleißig nach, und betrachtete, was er doch sich und seiner Seel gethan, daß er sich dem leidigen Teufel also ergeben hätte. Er wollte Buß thun und sein Versprechen dem Teufel wieder aufsagen. In solchen Gedanken erscheint ihm sein Geist, tappet nach ihm, als ob er ihm den Kopf herum drehen wollte, und warf ihm für, was ihn dahin bewogen hätte, daß er sich dem Teufel ergeben, nämlich seinen frechen Mutwillen. Zudem habe er sich versprochen, Gott und allen Menschen feind zu sein, diesem Versprechen komme er nun nicht nach, wollte dem alten Lauren folgen, einem Menschen, und Gott zu Huld nehmen, da es schon zu spat, und er des Teufels seie, der ihn zu holen gut Macht habe. Wie er denn jetzund deshalb da seie, daß er ihm den Garaus mache, oder aber er solle sich alsbald niedersetzen, und sich wiederum von neuem verschreiben mit seinem Blut, und versprechen, daß er sich keinen Menschen mehr wöll abmahnen und verführen lassen, und dessen sollt er sich nun bald erklären, ob er es thun wölle oder nicht. Wo nit, wolle er ihn zu Stücken zerreißen. D. Faustus, ganz erschrocken, bewilligt ihm wiederum aufs neue, setzt sich nieder, und schreibt mit seinem Blut, wie folgt, welches Schreiben denn, nach seinem Tod, hinter ihm gefunden worden.

*Doctor Fausti zweite Verschreibung / so er seinem Geist übergeben hat.*

„Ich, D. Faustus, bekenne mit meiner eigen Hand und Blut, daß ich dies mein erst Instrument und Verschreibung bis in die 17 Jahr steif und fest gehalten habe, Gott und allen Menschen feind gewest bin. Hiemit setz ich hintan Leib und Seel, und übergeb dies dem mächtigen Gott Lucifero, daß, so auch das 7. Jahr nach Dato dieses verloffen, er mit mir zu schalten und zu walten habe. Neben dem so verspricht er mir, mich in der Höll keiner Pein teilhaftig zu machen. Hierauf versprech ich mich wieder, daß ich keinem Menschen mehr, es seie mit Vermahnen, Lehren, Abrichten,

Unterweisen und Dräuungen, es sei im Wort Gottes, weltlichen oder geistlichen Sachen, und sonderlich keinem geistlichen Lehrer, gehorchen, noch seiner Lehr nachkommen will. Alles getreulich und kräftig zu halten, laut dieser meiner Verschreibung, welche ich zu mehrerer Bekräftigung mit meinem eigen Blut geschrieben hab, Datum Wittenberg, etc.

Auf solche verdammliche und gottlose Verschreibung ist er dem guten alten Mann so feind worden, daß er ihm nach Leib und Leben stellete, aber sein christlich Gebet und Wandel hat dem bösen Feind einen solchen Stoß gethan, daß er ihm nit hat beikommen mögen. Denn gleich über zwei Tag hernach, als der fromme Mann zu Bett ginge, hörte er im Haus ein groß Gerümpel, welches er zuvor nie gehört hatte, das kömmt zu ihm in die Kammer hinein, kürret wie ein Sau, das triebe es lang. Darauf fing der alt Mann an des Geists zu spotten und sagt: „O, wohl ein bäurisch Musica ist das, ey wohl ein schön Gesang von einem Gespenst, wie ein schön Lobgesang von einem Engel, der nit zween Tag im Paradeiß hat können verbleiben; vexiert sich erst in andrer Leute Häuser, und hat in seiner Wohnung nit bleiben können." Mit solchem Gespött hat er den Geist vertrieben. D. Faust fragte ihn, wie er mit dem Alten umgegangen wäre. Gabe ihm der Geist zur Antwort, er hätte ihm nicht beikommen können, dann er geharnischt gewest seie, das Gebet meinend; so hätte er seiner noch dazu gespottet, welches die Geister oder Teufel nit leiden können, sonderlich, wann man ihnen ihren Fall fürwirft. Also beschützet Gott alle fromme Christen, so sich Gott ergeben und befehlen wider den bösen Geist.

Zu Wittenberg war ein studiosus, ein stattlicher vom
Adel, N. N. genannt, der hatte sein Herz und Augen
zu einer gewandt, die auch eines guten adelichen Ge-
schlechts und ein überaus schönes Weibsbild war. Die
hatte viel, und unter andern auch einen jungen Freiherrn zum Werber, denen allen aber schlug sies ab,
und hatte sonderlich obgedachter Edelmann unter
diesen allen den wenigsten Platz bei ihr. Derselbige
hatte zum Fausto gute Kundschaft, hatt auch oft in
seinem Haus mit ihm gessen und getrunken. Diesen
fechtet die Lieb gegen die vom Adel so sehr an, daß
er am Leib abnahm und darüber in eine Krankheit
fiel. Das brachte D. Faustus in Erfahrung, daß dieser
vom Adel so schwerlich krank läge, fragte derwegen
seinen Geist Mephostophilem, was ihm doch wäre.
Der zeigte ihm alle Gelegenheit und Ursache an. Darauf D. Faustus den Nobilem heimsuchte, ihm alle
Gelegenheit seiner Krankheit eröffnete, daß er sich
darüber verwunderte. D. Faustus tröstet ihn, er solle
sich so sehr nit bekümmern, er wollte ihm behülflich
sein, daß dieses Weibsbild keinem andern denn ihm
zu Teil werden müßte; wie auch geschah. Denn
D. Faustus verwirrte der Jungfrauen Herz so gar mit
seiner Zauberei, daß sie keines andern Manns noch
jungen Gesellens mehr achtete, da sie doch stattliche
und reiche vom Adel zu Werbern hatte. Bald darnach
befiehlt er diesem Edelmann, er sollt sich stattlich
kleiden, so wölle er mit ihm zur Jungfrauen gehen,
die in einem Garten bei andern Jungfrauen säße, da
man einen Tanz anfangen würde; mit der sollte er
tanzen. Und giebt ihm einen Ring, den sollte er an
seinen Finger stecken, wann er mit ihr tanzte: sobald
er sie alsdann mit dem Finger berührte, würde sie ihr
Herz zu ihm wenden, und sonsten zu keinem andern.

Er sollte sie aber um die Ehe nicht ansprechen, denn sie würde ihn selbst darum anreden. Nimmt darauf ein destilliert Wasser und zwaget den Edelmann darmit, welcher alsbald ein überaus schönes Angesicht darvon bekame; gehen also miteinander in den Garten. Der Edelmann thät wie ihm D. Faustus befohlen hatte, tanzet mit der Jungfrauen und rühret sie an, die von der Stund an ihr Herz und Lieb zu ihm wandte. Die gute Jungfrau war mit Cupidinis Pfeilen durchschossen, dann sie hatte die ganze Nacht keine Ruhe im Bett, so oft gedacht sie an ihn. Bald morgens beschickte sie ihn, öffnet ihm Herz und Lieb und begehrt seiner zur Ehe, der ihr aus inbrünstiger Lieb solches darschluge und bald mit einander Hochzeit hätten, auch dem Fausto eine gute Verehrung darvon wurde.

*Von mancherlei Gewächs / so Faustus im Winter um den Christtag in seinem Garten hatte / in seinem 19. Jahre.*

Im December, um den Christtag, war viel Frauenzimmers gen Wittenberg kommen, als etlicher vom Adel Kinder zu ihren Geschwistern, so da studierten, sie heimzusuchen. Welche gute Kundschaft zu D. Fausto hätten, also daß er etlich mal zu ihnen berufen ward. Solches zu vergelten berufte er dieses Frauenzimmer und Junkern zu ihm in sein Behausung zu einer Unterzech. Als sie nun erschienen und doch ein großer Schnee draußen lag, da begab sich in D. Fausti Garten ein herrlich und lustig Spectacul, dann es war in seinem Garten kein Schnee zu sehen, sondern ein schöner Sommer, mit allerlei Gewächs, daß auch das Gras mit allerlei schönen Blumen daher blühet und grünet. Es waren auch da schöne Weinreben, mit allerlei Trauben behängt, desgleichen rote, weiße und leibfarbene Rosen und ander viel schöne wohlriechende Blumen, welches eine schöne herrliche Lust zu sehen und zu riechen gab.

## Von D. Fausti Buhlschaften in seinem 19. und 20. Jahre.

Als D. Faustus sahe, daß die Jahre seiner Versprechung von Tag zu Tag zum Ende liefen, hub er an, ein säuisch und epicurisch Leben zu führen, und beruft ihm sieben teuflische Succubas, die er alle beschliefe, und eine anders denn die andre gestalt war, auch so trefflich schön, daß nicht davon zu sagen. Denn er fuhr in viel Königreich mit seinem Geist, damit er alle Weibsbilder sehen möchte. Deren er sieben zuwegen brachte: zwo Niederländerinnen, eine Ungerin, eine Engelländerin, zwo Schwäbin, und eine Fränckin, die ein Ausbund des Landes waren. Mit denselben teuflischen Weibern trieb er Unkeuschheit bis an sein Ende.

## Von einem Schatz / so D. Faustus funden / in seinem 22. verloffenen Jahr.

Damit der Teufel seinem Erben, dem Fausto, gar keinen Mangel ließe, weiste der Geist Mephostophiles D. Faustum in eine alte Capellen, so eingefallen war und bei Wittenberg bei einer halben Meil Wegs gelegen ist. Allda hätte es einen vergrabenen Keller, da sollte D. Faustus graben, so würde er einen großen Schatz finden. Dem ginge D. Faustus treulich nach. Wie er nun darkame, fand er einen greulichen großen Wurm auf dem Schatz liegen; und der Schatz erschien wie ein angezündet Licht. D. Faustus beschwure ihn, daß er in ein Loch kröche. Als er nun den Schatz grub, fand er nichts als Kohlen darinnen, hörete und sahe auch darneben viel Gespenste. D. Faustus brachte die Kohlen zu Haus, die alsobald zu Silber und Gold verwandelt wurden, welches, wie sein Famulus darvon gemeldet hat, in etliche tausend Gülden Wert geschätzt ist worden.

### Von der Helena aus Griechenland / so dem Fausto Beiwohnung gethan in seinem letzten Jahre.

Damit nun der elende Faustus seines Fleisches Gelüsten genugsam Raum gebe, fällt ihm um Mitternacht da er erwacht, in seinem 23. verlaufenen Jahr, die Helena aus Graecia in Sinn, so er vormals den Studenten am weißen Sonntag erweckt hatte. Derhalben er morgens seinen Geist anmahnet, er sollte ihm die Helenam darstellen, die seine Concubina sein möchte; welches auch geschah. Und diese Helena war ebenmäßiger Gestalt, wie er sie den Studenten erweckt hatte, mit lieblichem und holdseligem Anblicken. Als nun D. Faustus solches sahe, hat sie ihm sein Herz dermaßen gefangen, daß er mit ihr anhube zu buhlen und sie für sein Schlafweib bei sich behielt; die er so lieb gewann, daß er schier kein Augenblick von ihr sein konnte. Ward also in dem letzten Jahr schwangern Leibes von ihme, gebar ihm einen Sohn, dessen sich Faustus heftig freuete, und ihn Justum Faustum nennete. Dies Kind erzählt D. Fausto viel zukünftige Ding, so in allen Ländern sollten geschehen. Als er aber hernach um sein Leben kame, verschwanden zugleich mit ihm Mutter und Kind.

FOLGET NUN / WAS D. FAUSTUS
IN SEINER LETZTEN JAHRESFRIST

*mit seinem Geist und andern gehandelt / welches
das 24. und letzte Jahr seiner Versprechung war.*

Von D. Fausti Testament / darinnen er seinen
Diener Wagner zu einem Erben eingesetzt.

D. Faustus hatte diese Zeit hero bis in dies 24. und
letzte Jahr seiner Versprechung einen jungen Knaben
auferzogen, so zu Wittenberg wohl studierte. Der sahe
alle seines Herrn D. Fausti Abenteuer, Zauberei und
teuflische Kunst, war sonst ein böser verloffener Bube,
der anfangs zu Wittenberg betteln umgangen, und
ihn, seiner bösen Art halben, niemand aufnehmen
wollte. Dieser Wagner ward nun des D. Fausti Famulus, hielte sich bei ihm so wohl, daß ihn D. Faustus
hernach seinen Sohn nannte; er kam hin wo er wollte,
so schlemmete und demmete er mit. Als sich nun die
Zeit mit D. Fausto enden wollte, beruft er zu sich
einen Notarium, darneben etliche Magistros, so oft
um ihn gewest, und verschaffte seinem Famulo das
Haus samt dem Garten, neben des Gansers und Veit
Rodingers Haus gelegen, bei dem eisern Thor, in der
Schergassen an der Ringmauern. Item, er verschaffte
ihm 1600 Gülden an Zinsgeld; ein Baurengut, acht-
hundert Gülden wert; sechshundert Gülden an barem
Geld; eine güldene Ketten, dreihundert Cronen wert;
Silbergeschirr, was er von Höfen zu wegen gebracht,
und sonderlich aus des Papsts und Türcken Hof, bis
in die tausend Gülden wert. Sonsten war nit viel
besonders da an Hausrat, dann er nicht viel daheim
gewohnet, sondern bei Wirten und Studenten Tag
und Nacht gefressen und gesoffen. Also ward sein
Testament aufgerichtet und constituiert.

## D. Faustus besprach sich mit seinem Diener des Testaments halben.

Als nun das Testament aufgerichtet war, beruft er seinen Diener zu sich, hielt ihm für, wie er ihn in seinem Testament bedacht habe, weil er sich die Zeit seines Lebens bei ihm wohl gehalten und seine Heimlichkeit nicht offenbaret hätte. Derhalben solle er von ihm noch etwas bitten, dessen wölle er ihn gewähren. Da begehrte der Famulus seine Geschicklichkeit. Darauf ihme Faustus antwortet: „Meine Bücher belangend, sind dir dieselbigen schon vermachet, jedoch, daß du sie nicht an Tag kommen wöllest lassen, sondern deinen Nutzen wöllest damit schaffen, fleißig darinnen studieren. Zum andern begehrest du meine Geschicklichkeit, die du ja bekommen wirst, wann du meine Bücher lieb hast, dich an niemand kehrest, sondern darbei bleibest." Noch sagt D. Faustus: „Dieweil mein Geist Mephostophiles mir weiter zu dienen nicht schuldig, so mag ich ihn dir nicht verschaffen. So will ich dir doch einen andern Geist, so du es begehrest, verordnen." Bald hernach am dritten Tage, beruft er seinen Famulum wieder, und hielte ihm für, wie er einen Geist wollte, ob er noch des Vorhabens wäre, und in was Gestalt er ihm erscheinen solle. Er antwortet: „Mein Herr und Vater, in Gestalt eines Affen, auch in solcher Größe und Form." Darauf erschiene ihm ein Geist in Gestalt und Form eines Affen, der in die Stuben sprange. D. Faustus sprach: „Siehe, jetzt siehest du ihn, doch wird er dir nicht zu Willen werden bis erst nach meinem Tod, und wann mein Geist Mephostophiles von mir genommen und du ihn nicht mehr sehen wirst, und so du dein Versprechen, das bei dir stehet, leistest; so sollst du ihn nennen den Auerhahn, denn also heißet er. Darneben bitte ich, daß du meine Kunst, Thaten, und was ich getrieben habe, nicht offenbarest, bis ich tot bin, alsdenn wöllest es aufzeichnen, zusammenschreiben, und in eine Historiam transferieren, darzu dir dein Geist und Auerhahn helfen wird; was dir vergessen ist, das wird er dich wieder erinnern, denn man wird solche meine Geschichte von dir haben wöllen."

*Wie sich Doctor Faustus zu der Zeit / da er nur einen Monat noch vor sich hatte / so übel gehub / stätig jammerte und seufzete über sein teuflisch Wesen.*

Dem Fausto lief die Stunde herbei, wie ein Stundglas, hatte nur noch einen Monat für sich, darinnen sein 24 Jahr zum Ende liefen, in welchen er sich dem Teufel ergeben hatte mit Leib und Seel, wie hievorn angezeigt worden. Da ward Faustus erst zahm, und war ihme wie einem gefangenen Mörder oder Räuber, so das Urteil im Gefängnis empfangen und der Strafe des Todes gewärtig sein muß. Dann er ward geängstet, weinet und redet immer mit sich selbst, fantasiert mit den Händen, ächzet und seufzet, nahm vom Leib ab, und ließ sich forthin selten oder garnit sehen, wollte auch den Geist nit mehr bei ihm sehen oder leiden.

*Doctor Fausti Weheklag / daß er noch in gutem Leben und in jungen Tagen sterben müßte.*

Diese Traurigkeit bewegte D. Faustum, daß er seine Weheklag aufzeichnete, damit ers nicht vergessen möchte, und ist dies auch seiner geschriebenen Klagen eine: „Ach, Fauste, du verwegens und nichtswertes Herz, der du deine Gesellschaft mit verführest in ein Urteil des Feuers, da du wohl hättest die Seligkeit haben können, so du jetzunder verleurest. Ach Vernunft und freier Will, was zeihest du meine Glieder, so nichts anders zu versehen ist, denn Beraubung ihres Lebens. Ach ihr Glieder, und du noch gesunder Leib, Vernunft und Seel, beklaget mich, denn ich hätte dir es zu geben oder zu nehmen gehabt, und meine Besserung mit dir befriedigt. Ach Lieb und Haß, warum seid ihr zugleich bei mir eingezogen, nachdem ich eurer Gesellschaft halb solche Pein erleiden muß. Ach Barmherzigkeit und Rach, warum habt ihr mir solchen Lohn und Schmach vergönnet? O Grimmigkeit und Mitleiden, bin ich darum ein Mensch geschaffen, die Straf, so ich bereit sehe, von mir selbsten zu erdulden? Ach, ach Armer, ist auch etwas in der Welt, so mir nicht widerstrebet? Ach, was hilft mein Klagen?"

## Wiederum eine Klage D. Fausti.

„Ach, ach, ach, ich armseliger Mensch, O du betrübter unseliger Fauste. Du bist wohl in dem Haufen der Unseligen, da du den übermäßigen Schmerz des Todes erwarten mußt, ja viel einen erbärmlichern denn jemals eine schmerzhafte Creatur erduldet hat. Ach, ach Vernunft, Mutwill, Vermessenheit und freier Will, o du verfluchtes und unbeständiges Leben. O du Blinder und Unachtsamer, der du deine Glieder, Leib und Seel so blind machest als du bist. O zeitlicher Wollust, in was Mühseligkeit hast du mich geführet, daß du mir meine Augen so gar verblendet und verdunkelt hast. Ach mein schwaches Gemüt, du meine betrübte Seel, wo ist dein Erkenntnuß? O erbärmliche Mühseligkeit, O verzweifelte Hoffnung, so deiner nimmermehr gedacht wird. Ach Leid über Leid, Jammer über Jammer, Ach und Wehe, wer wird mich erlösen? Wo soll ich mich verbergen? wohin soll ich mich verkriechen oder fliehen? Ja, ich seie wo ich wölle, so bin ich gefangen." Darauf es denn D. Fausto also zu Herzen ging, daß er nichts mehr reden konnte.

*Wie der böse Geist dem betrübten Fausto mit
seltsamen spöttischen Scherzreden und
Sprichwörtern zusetzt.*

Auf solche obgehörte Wehklag erschien D. Fausto sein
Geist Mephostophiles, trat zu ihm, und sprach: „Dieweil du aus der heiligen Schrift wohl gewußt hast,
daß du Gott allein anbeten, ihm dienen, und keine
anderen Götter, weder zur Rechten noch zur Linken,
neben ihm haben sollest, dasselbig aber nicht gethan,
sondern deinen Gott versucht, von ihm abgefallen, ihn
verleugnet, und dich hieher versprochen mit Leib und
Seel, so mußt du diese deine Versprechung leisten;
und merke meine Reimen: ‚Weißt du was, so schweig, /
Ist dir wohl, so bleib, / Hast du was, so behalt, / Unglück kommt bald. / Drum schweig, leid, meid und
ertrag, / Dein Unglück keinem Menschen klag. / Es ist
zu spat, an Gott verzag, / Dein Unglück läuft herein
all Tag.'

Darum, mein Fauste, ists nit gut mit großen Herrn
und dem Teufel Kirschen essen, sie werfen einem die
Stiel ins Angesicht, wie du nun siehest; derhalben
wärest du wohl weit von dannen gangen, das wäre
gut für die Schüß gewesen. Dein hoffärtig Rößlein
aber hat dich geschlagen. Du hast die Kunst, so dir
Gott gegeben, veracht, dich nit mit begnügen lassen,
sondern den Teufel zu Gast geladen, und hast die
24 Jahr hero gemeinet, es seie alles Gold, was gleißet,
was dich der Geist berichte; dadurch dir der Teufel
als einer Katzen ein Schellen angehängt. Siehe, du
warst eine schöne erschaffene Creatur, aber die Rosen,
so man lang in Händen trägt und daran riecht, die
bleibt nit. Deß Brot du gessen hast, deß Liedlein mußt
du singen. Verziehe bis auf den Karfreitag, so wirds
bald Ostern werden; was du verheißen hast, ist nicht
ohn Ursach geschehen; eine gebratene Wurst hat
zween Zipfel; auf des Teufels Eis ist nicht gut gehen.

Du hast eine böse Art gehabt, darum läßt Art von Art nicht, also läßt die Katz das Mausen nit. Scharf Fürnehmen macht schartig; weil der Löffel neu ist, braucht ihn der Koch, darnach wenn er alt wird, so scheißt er drein, dann iß mit ihm aus. Ist es nicht auch also mit dir? der du ein neuer Kochlöffel des Teufels warest; nun nützt er dich nimmer, denn der Markt hätt dich sollen lehren kaufen. Daneben hast du dich mit wenig Vorrat nicht genügen lassen, den dir Gott bescheret hat. Noch mehr, mein Fauste, was hast du für einen großen Übermut gebraucht, in allem deinem Thun und Wandel hast du dich einen Teufels Freund genennet; derhalben schürz dich nun. Denn Gott ist HERR, der Teufel ist nur Abt oder Münch. Hoffart thät nie gut, wolltest Hans in allen Gassen sein; so soll man Narren mit Kolben lausen. Wer zu viel will haben, dem wird zu wenig; darnach einer kegelt, darnach muß er aufsetzen. So laß dir nun meine Lehre und Erinnerung zu Herzen gehen, die gleichwohl schier verloren ist. Du solltest dem Teufel nit so wohl vertrauet haben, dieweil er Gottes Aff, auch ein Lügner und Mörder ist, darum solltest du klüger gewesen sein. Schimpf bringt Schaden, denn es ist bald um einen Menschen geschehen, und er kostet so viel zu erziehen. Den Teufel zu beherbergen braucht einen klugen Wirt. Es gehört mehr zum Tanz denn ein rot Paar Schuh. Hättest du Gott vor Augen gehabt, und dich mit denen Gaben, so dir verliehen, begnügen lassen, so dürftest du diesen Reihen nicht tanzen, und solltest dem Teufel nicht so leichtlich zu Willen worden sein und gegläubet haben; denn wer leichtlich glaubet, wird bald betrogen. Jetzt wischt der Teufel das Maul und gehet davon: du hast dich zum Bürgen gesetzt mit deinem eigenen Blut, so soll man Bürgen würgen. Hast es zu einem Ohr lassen eingehen, zum andern wieder aus." Als nun der Geist Fausto den armen Judas genugsam gesungen, ist er wiederum verschwunden, und hat den Faustum allein ganz melancholisch und verwirrt gelassen.

### Doctor Fausti Weheklag von der Höllen und ihrer unaussprechlichen Pein und Qual.

„O ich armer Verdammter, warum bin ich nit ein Viehe, so ohne Seele stirbet, damit ich nichts weiters befahren dürfte? Nun nimmt der Teufel Leib und Seele von mir und versetzt mich in eine unaussprechliche Finsternuß der Qual. Dann gleich wie die Seelen an ihnen haben Schönheit und Freud, also muß ich Armer mit den Verdammten einen unerforschlichen Greuel, Gestank, Verhinderung, Schmach, Zittern, Zagen, Schmerzen, Trübsal, Heulen, Weinen und Zähneklappen haben. So sind alle Creaturen und Geschöpfe Gottes wider uns, und müssen wir von den Heiligen ewige Schmach tragen. Ich weiß mich noch zu erinnern vom Geist, den ich auf eine Zeit von Verdammnis gefragt hatte, daß er zu mir sagte: Es sei ein groß Unterschied unter den Verdammten, dann die Sünden sind ungleich. Und sprach ferner: Gleich wie die Spreuen, Holz und Eisen von dem Feuer verbrennet werden, doch eins leichter und härter als das ander, also auch die Verdammten in der Glut und Höllen. Ach du ewige Verdammnis, so du vom Zorn Gottes also inflammiert, voll Feuer und Hitz bist, so keines Schürens in Ewigkeit bedarf: ach, was Trauern, Trübsal und Schmerzens muß man da gewärtig sein, mit Weinen der Augen, Knirschen der Zähn, Stank der Nasen, Jammer der Stimm, Erschreckung der Ohren, Zittern der Hände und Füß. Ach ich wollte gern des Himmels entbehren, wann ich nur der ewigen Höllenstraf könnte entfliehen. Ach, wer wird mich dann aus dem unaussprechlichen Feuer der Verdammten erretten? da keine Hülf sein wird, da kein Beweinen der Sünden nütz ist, da weder Tag noch Nacht Ruhe ist: wer will mich Elenden erretten? Wo ist meine Zuflucht, wo ist mein Schutz, Hülf und Aufenthalt? Wo ist meine feste Burg? Wessen darf ich mich trösten? Der Seligen Gottes nicht, denn ich schäme mich, sie anzusprechen, mir würde keine Antwort erfolgen; sondern ich muß mein Angesicht vor ihnen verhüllen, daß ich die Freude der Auserwählten nit sehen mag. Ach was klage ich, daß kein Hülf kommet? Da ich keine Vertröstung der Klage weiß? Amen, Amen, ich habs also haben wöllen, nun muß ich den Spott zum Schaden haben."

*Folget nun von D. Fausti greulichem und erschrecklichem Ende / ab welchem sich jedes Christen Mensch genugsam zu spiegeln und darfür zu hüten hat.*

Die 24 Jahr des D. Fausti waren verlaufen, und eben in solcher Wochen erschiene ihm der Geist, überantwortet ihm seinen Brief oder Verschreibung, zeigt ihm darneben an, daß der Teufel auf die ander Nacht seinen Leib holen werde, dessen sollte er sich versehen. D. Faustus klagte und weinete die ganze Nacht, also, daß ihm der Geist in dieser Nacht wieder erschiene, sprach ihm zu: "Mein Fauste, sei doch nit so kleinmütig, ob du gleich deinen Leib verleurest, ist doch noch lang dahin, bis dein Gericht wird. Du müßtest doch zuletzt sterben, wann du gleich viel hundert Jahre lebtest. Müssen doch die Türcken, Jüden, und andere unchristliche Kaiser auch sterben, und in gleicher Verdammnis sein. Weißt du doch noch nicht, was dir aufgesetzt ist; seie beherzt und verzage nicht so gar, hat dir doch der Teufel verheißen, er wollte dir einen stählin Leib und Seele geben, und sollst nicht leiden wie andre Verdammte."

Solchen und noch mehr Trosts gab er ihme, doch falsch
und der heiligen Schrift zuwider. Doctor Faustus, der
nicht anders wußte, denn die Versprechung oder Verschreibung müßte er mit der Haut bezahlen, gehet
eben an diesem Tag, da ihm der Geist angesagt, daß
ihn der Teufel holen werde, zu seinen vertrauten Gesellen, Magistris, Baccalaureis, und andern Studenten
mehr, die ihn zuvor oft besucht hatten; die bittet er,
daß sie mit ihm in das Dorf Rimlich, eine halb Meil
Wegs von Wittenberg gelegen, wollten spatzieren, und
allda mit ihm eine Mahlzeit halten; die ihm solches
auch zusagten. Gehen also miteinander dahin, und
essen ein Morgenmahl, mit vielen köstlichen Gerichten,
an Speise und Wein, so der Wirt auftruge. D. Faustus
war mit ihnen fröhlich, doch nicht aus rechtem Herzen; bittet sie alle wiederum, sie wollten ihm soviel zu
Gefallen sein, und mit ihm zu Nacht essen, und diese
Nacht vollends bei ihm bleiben: er müßte ihnen was
wichtigs sagen; welches sie ihm abermals zusagten,
nahmen auch die Mahlzeit ein. Als nun der Schlaftrunk auch vollendet war, bezahlet D. Faustus den
Wirt, und bate die Studenten, sie wollten mit ihm in
ein ander Stuben gehen, er wollte ihnen etwas sagen.
Das geschahe. D. Faustus sagt zu ihnen also:

*Oratio Fausti ad Studiosos.*

„Meine liebe vertraute und ganz günstige Herren, warum ich euch berufen hab, das ist dies, daß euch viel
Jahr her an mir bewußt, was ich für ein Mann war,
in vielen Künsten und Zauberei bericht, welche aber
nirgend anders dann vom Teufel herkommen, zu welchem teuflischem Lust mich auch niemand gebracht, als
die böse Gesellschaft, so mit dergleichen Stücken umgingen; darnach mein nichtswertes Fleisch und Blut,
mein halsstarriger und gottloser Willen und fliegende

teuflische Gedanken, welche ich mir fürgesetzt; daher ich mich dem Teufel versprechen müssen, nämlich, in 24 Jahren, mein Leib und Seel. Nun sind solche Jahr bis auf diese Nacht zu Ende gelaufen, und stehet mir das Stundenglas vor den Augen, daß ich gewärtig sein muß, wann es ausläuft, so wird er mich diese Nacht holen, dieweil ich ihm Leib und Seel zum zweitenmal so teuer mit meinem eigen Blut verschrieben habe. Darum habe ich euch, freundliche günstige liebe Herren, vor meinem Ende zu mir berufen, und mit euch einen Johannestrunk zum Abschied thun wöllen, und euch mein Hinscheiden nit wöllen verbergen. Bitt euch hierauf, günstige liebe Brüder und Herren, ihr wollet alle die Meinen, und die meiner in Gutem gedenken, von meinetwegen brüderlich und freundlich grüßen, darneben mir nichts für übel halten, und wo ich euch jemals beleidigt, mir solches herzlich verzeihen. Was aber die Abenteuer anlanget, so ich in solchen 24 Jahren getrieben habe, das werdet ihr alles nach mir aufgeschrieben finden, und laßt euch mein greulich End euer Lebtag ein Fürbild und Erinnerung sein, daß ihr wöllet Gott vor Augen haben, ihn bitten, daß er euch vor des Teufels Trug und List behüten, und nicht in Versuchung führen wolle, dagegen ihm anhangen, nicht so gar von ihm abfallen, wie ich Gottloser und Verdammter; der ich veracht und abgesagt habe der Taufe, dem Sacrament Christi, Gott selbst, allem himmlischen Heer und den Menschen; einem solchen Gott, der nit begehrt, daß einer sollt verloren werden. Laßt euch die böse Gesellschaft nit verführen, wie es mir gehet und begegnet ist, besucht fleißig und emsig die Kirchen, sieget und streitet allzeit wider den Teufel, mit einem guten Glauben an Christum, und gottseligem Wandel.

Endlich nun und zum Beschluß ist meine freundlich Bitt, ihr wöllt euch zu Bett begeben, mit Ruhe schlafen, und euch nichts anfechten lassen, auch so ihr ein

Gepolter und Ungestüm im Haus höret, wöllt ihr darob mit nichten erschrecken, es soll euch kein Leid widerfahren; wöllet auch vom Bett nicht aufstehn. Und so ihr meinen Leib tot findet, ihn zur Erden bestatten lassen. Dann ich sterbe als ein böser und guter Christ: Ein guter Christ, darum daß ich eine herzliche Reue habe und im Herzen immer um Gnad bitte, daß meine Seele möchte errettet werden. Ein böser Christ, da ich weiß, daß der Teufel den Leib will haben, und ich will ihm den gern lassen, er laß mir nur aber die Seele zufrieden. Hierauf bitt ich euch, ihr wöllet euch zu Bette verfügen, und wünsche euch eine gute Nacht, mir aber eine ärgerliche, böse und erschreckliche."

Diese Declaration und Erzählung thät D. Faustus mit beherztem Gemüt, damit er sie nicht verzagt, erschrocken und kleinmütig machte. Die Studenten verwunderten sich aufs höchste, daß er so verwegen gewest, sich nur um Schelmerey, Fürwitz und Zauberey willen in eine solche Gefahr an Leib und Seel begeben hätte; war ihnen herzlich leid, denn sie hatten ihn lieb; und sprachen: „Ach mein Herr Fauste, was habt ihr euch geziehen, daß ihr so lang still geschwiegen, und uns solches nicht habt offenbaret, wir wollten euch durch gelehrte Theologos aus dem Netz des Teufels errettet und gerissen haben; nun aber ist es zu spat, und eurem Leib und Seel schädlich." D. Faustus antwortet: er hätte es nicht thun dürfen, ob ers schon oft willens gehabt, sich zu gottseligen Leuten zu thun, Rat und Hülf zu suchen. „Wie mich auch mein Nachbar darum angesprochen, daß ich seiner Lehre folgen sollte, von der Zauberei abstehen und mich bekehren. Als ich dann dessen auch schon willens war, kam der Teufel und wollt mit mir fort, wie er diese Nacht thun wird, und sagte: sobald ich die Bekehrung zu Gott annehmen würde, wölle er mir den Garaus machen." Als sie solches von D. Fausto vernahmen, sagten sie zu ihme: Dieweil nun nichts anders zu gewarten sei, solle er Gott anrufen, ihn um seines lieben Sohns Jesu Christi willen um Verzeihung bitten, und sprechen: ach Gott, sei mir armem Sünder gnädig, und gehe nicht mit mir ins Gericht, dann ich vor dir nit bestehen kann; wiewohl ich dem Teufel den Leib muß lassen, so wöllest du doch die Seel erhalten; ob Gott etwas wirken wölle. Das sagte er ihnen zu, er wollte beten; es wollte ihm aber nit eingehen. Wie dem Cain, der auch sagte, seine Sünden wären größer, denn daß sie ihm möchten verziehen werden; also gedachte er immerdar, er hätte es mit seiner Verschreibung zu grob gemacht. Diese Studenten und gute Herrn, da sie Faustum gesegneten, weineten sie, und umfingen einander. D. Faustus aber blieb in der Stuben. Und da die Herren sich zu Bette begeben, konnte keiner recht schlafen, dann sie den Ausgang wollten hören.

Es geschahe aber zwischen zwölf und ein Uhr in der Nacht, daß gegen dem Haus her ein großer ungestümer Wind ginge, so das Haus an allen Orten umgabe, als ob es alles zu Grunde gehen und das Haus zu Boden reißen wollte. Darob die Studenten vermeinten zu verzagen, sprangen aus dem Bett und huben an, einander zu trösten, wollten aus der Kammer nicht; der Wirt lief aus seinem in ein ander Haus. Die Studenten lagen nahe bei der Stuben, da D. Faustus innen war, sie hörten ein greuliches Pfeiffen und Zischen, als ob das Haus voller Schlangen, Nattern, und andrer schädlicher Würmer wäre. Indem gehet D. Fausti Thür auf in der Stuben, der hub an, um Hülf und Mordio zu schreien, aber kaum mit halber Stimm. Bald hernach höret man ihn nicht mehr. Als es nun Tag ward, und die Studenten die ganze Nacht nicht geschlafen hatten, sind sie in die Stuben gegangen, darinnen D. Faustus gewesen war. Sie sahen aber keinen Faustum mehr, und nichts, denn die Stuben voller Bluts gesprützet. Das Hirn klebte an der Wand, weil ihn der Teufel von einer Wand zur andern geschlagen hatte. Es lagen auch seine Augen und etliche Zähn allda, ein greulich und erschrecklich Spectakel. Da huben die Studenten an, ihn zu beklagen, und zu beweinen, und suchten ihn allenthalben. Letztlich aber funden sie seinen Leib heraußen bei dem Mist liegen, welcher greulich anzusehen war, dann ihm der Kopf und alle Glieder schlotterten.

Diese gemeldte Magistri und Studenten, so bei des Fausti Tod gewest, haben soviel erlangt, daß man ihn in diesem Dorf begraben hat, darnach sind sie wiederum hinein gen Wittenberg und ins D. Fausti Behausung gegangen; allda sie seinen Famulum den Wagner gefunden, der sich seines Herren halben übel gehube. Sie fanden auch diese des Fausti Historiam aufgezeichnet und von ihme beschrieben, wie hievor gemeldt, alles, ohn sein Ende, welches von obgemeldten Studenten und Magistris hinzu gethan, und was sein Famulus aufgezeichnet, da auch ein neu Buch von ihm ausgehet. Desgleichen eben am selbigen Tage ist die verzauberte Helena samt ihrem Sohn nicht mehr vorhanden gewest, sondern verschwunden. Es ward auch forthin in seinem Haus so unheimlich, daß niemand darinnen wohnen konnte. D. Faustus erschiene auch seinem Famulo leibhaftig bei der Nacht, und offenbarte ihm viel heimlicher Ding. So hat man ihn auch bei der Nacht zum Fenster hinaus sehen gucken, wer vorüber gegangen ist.

Also endet sich die ganze wahrhaftige Historia und Zauberei Doctor Fausti, daraus jeder Christ zu lernen, sonderlich aber die eines hoffärtigen, stolzen, fürwitzigen und trotzigen Sinnes und Kopfs sind, GOTT zu fürchten, Zauberei, Beschwörung und andere Teufelswerke zu fliehen, so Gott ernstlich verboten hat, und den Teufel nit zu Gast zu laden noch ihm Raum zu geben, wie D. Faustus gethan hat. Dann uns hie ein erschrecklich Exempel seiner Verschreibung und Ends fürgebildet ist. Sondern solcher Händel müßig zu gehen, und Gott alleine zu lieben, vor Augen zu haben und anzubeten, zu dienen und zu lieben, von ganzem Herzen und ganzer Seelen und von allen Kräften, und dagegen dem Teufel und allem seinem Anhang abzusagen, und mit Christo endlich ewig selig zu werden. Amen, Amen, das wünsche ich einem jeden von Grunde meines Herzen. AMEN.

*I. Petri V.*

*Seid nüchtern und wachet, dann euer Widersacher der Teufel geht umher wie ein brüllender Löwe und suchet, welchen er verschlinge; dem widerstehet fest im Glauben.*

# REGISTER

153

# NACHWORT

Der Buchdrucker Spies in Frankfurt am Main hat 1587 die Geschichten des D. Johann Faust erstmals zum Druck gebracht. Auch will er sie selbst gesammelt und aufgezeichnet haben. Bereits im Jahr der ersten Ausgabe, welcher wir hier folgen, erschien ein Neudruck, der acht neue Stücke hinzubringt, die unserem Text als die Kapitel 64-71 eingeschaltet sind. Sechs weitere Stücke, die Kapitel 55-60, entstammen dem Faustbuch von 1590. Widmans erweiterter und veränderter Historia von 1599 wurden die Kapitel 34, 35, 38, 39, 62, 72-80 entnommen. Die vielen dunklen Stellen des Textes wurden zum Teil mit Hilfe der von G. Milchsack veröffentlichten Wolfenbütteler Handschrift verständlich gemacht. Die alte Sprache ist fast wörtlich beibehalten, die alte Orthographie nur dort, wo das äußere Wortbild für den ästhetischen Eindruck mit maßgebend war. Der Leser hat also das Volksbuch vom D. Faust in der stilistisch ursprünglichen Form und in größter stofflicher Vollständigkeit vor sich.

In seiner Widmung am Beginn des Buches deutet Spies die Herkunft der Geschichte an; sie weist über Speyer in den süddeutschen Raum, wie ja auch als Geburtsort des historischen Faust heute Knittlingen bei Maulbronn an der pfälzisch-schwäbischen Grenze angenommen wird, während das Volksbuch Rod bei Weimar nennt. Faust ist ursprünglich eine historische Gestalt, um 1480 bis 1540, von den Reformatoren erwähnt — wie etwa in Luthers Tischreden —, und auch von der Sage in ihre Nähe gebracht; ein Großsprecher und Betrüger vielleicht, vielleicht ein paracelsisch überlegener Geist.

Man muß sich nun gegenwärtig halten, daß das Volksbuch den historischen Faust von dem der Sage nicht trennt, sondern die Geschichte eines Zeitgenossen erzählt. Scharfsinnige Untersuchungen haben eine komplizierte Entstehung dieser Geschichte wahrscheinlich gemacht, ihrem eigentlichen inneren Verlauf wird man jedoch kaum auf den Grund kommen. Anleihen, wörtliche Entlehnungen aus spätgotischen Volksbüchern wie der Schedelschen Weltchronik, aus dem alten Lucidarius, aus Lucifers Fall oder der Legende vom Zauberer Simon sind nachweisbar; wenig ist dagegen von dem neuen kosmischen Weltbild zu spüren — aber gerade dieses Zwielicht und Zwischenzeitliche war schöpferisches Medium für das Erscheinen einer solchen Gestalt.

Das Hauptmotiv vom Faust, der Pakt mit dem Teufel, ist uralt und stammt aus frühchristlicher Zeit: Die Legende vom Vicedominus Theophilus aus dem 6. Jahrhundert enthält zuerst eine Verschreibung mit dem Teufel, der aber Reue und Gnade folgen. Sie wird im 10. Jahrhundert von der Roswitha von Gandersheim in lateinische Verse gefaßt und findet sich später auch in der Legenda aurea. Das Volksbuch vom Doktor Faustus aber ist nachmittelalterlich, zeigt sich von den Mächten der Reformation und Renaissance bestimmt. Hier gibt es keine Reue und Gnade. Und erst dadurch wird auch der historische Faust, der nur den Ruf des Zauberers und Schwarzkünstlers zurückgelassen hat, zur symbolischen Gestalt. Zu der Redaktion des Ganzen vom lutherischen Standpunkt aus paßt der Druck in Frankfurt, einer streng lutherischen Stadt, wie denn auch der Schauplatz der Geschichten gern in die Heimat des Luthertums, Wittenberg und Erfurt, verlegt wird. Die protestantische Grundeinstellung macht die wütenden Angriffe auf das Papsttum begreiflich. Allerdings ist es auch nicht mehr das mittelalterliche Papsttum, dem Faust auf seiner Ausfahrt zu Rom begegnet — voraus ging die Epoche der Renaissance-Päpste, die manche Angriffsflächen bot, wie sie denn hier auch weidlich zu wüsten Sittengemälden ausgenützt werden.

Die Renaissance selber spielt im Faustbuch eine neue Rolle: Vermittelte sie in früheren Volksbüchern wie dem

Aesop oder dem Trojanischen Krieg nur altes, herrliches episches Gut, so will sie im Faustbuch das einstige Leben der Antike wiederbringen: Faust macht sich anheischig, als Erfurter Dozent die verlorenen Komödien des Terenz wieder ans Licht zu fördern, er läßt durch seine Zauberei die griechischen Helden im Kolleg aufmarschieren oder setzt gar seine Studenten durch die drohende Figur des Poliphem in Schrecken. Vor Kaiser Karl V. läßt er den Großen Alexander und seine Gattin leibhaftig erscheinen. Auch zeigt er seinen Studenten die griechische Helena, die er dann selber zum Weibe nimmt. Von ihr hat er schließlich einen Sohn, Justus Faustus. Man sieht, wieviel gerade der zweite Teil von Goethes Faust dem Volksbuch verdankt. Aber solche naive Einbeziehung der Antike ins Leben, wie sie das Macht- und Erkenntnisstreben der Renaissance eher mit dem freien heidnischen Ausleben der Persönlichkeit zusammensah, erscheint nun gerade der folgenden Zeit als das Unheimliche, Dämonische und Frevelhafte. Dabei ist die gereinigte Lehre Luthers richterlich strenger als die alte Kirche. Faust wird wirklich vom Teufel geholt, während der Theophilus einst eine Fürsprecherin in der Heiligen Jungfrau fand.

Fast noch im gleichen Jahr, da das Volksbuch in Deutschland im Druck erscheint, gelangt es durch rückwandernde englische Komödianten nach London und in die Hände eines der größten englischen Dramatiker, Christopher Marlowe. Er ist es, der dem Stoff alsbald die erste und vielleicht reinste Bühnengestalt gibt, die zugleich für alle nachfolgenden dramatischen Behandlungen das höchste Vorbild bleibt. Wörtliche Übereinstimmungen machen es sicher, daß ihm das Volksbuch selber vorgelegen hat. Aber der Dramatiker muß ja mit dem Aussprechen der treibenden Problematik den Helden von sich selbst berichten lassen — schon werden die Fakultäten genannt, in deren Erkenntnisgebiete es den Wissensdurstigen drängt, und damit sind bereits die Grundzüge des Goetheschen Anfangsmonologs vorbereitet. Der Schluß freilich bleibt der tragische des Volksbuches, in dem nach protestantischer Konzeption keine Tilgung der Teufelsverschreibung gilt. Wir Deutsche, die wir meist nur die Goethesche Behandlung des Fauststoffes kennen, vermögen uns kaum vorzustellen, daß dieser grauenhafte Schluß des Volksbuches im Drama eine geistige Größe wie der Monolog des Anfangs haben kann — aber gerade hier erreicht Marlowe seine eigentliche Höhe, wenn er dem zu Untergang und Höllenpein Verurteilten großartige, fast kosmisch-visionäre Worte in den Mund legt:

„In Wassertropfen, wandle, Seele, Dich
Und fließ ins Weltmeer, daß Dich Niemand finde!“

Englische Komödianten brachten Marlowes Stück wiederum nach Deutschland, und aus ihm gingen die Faustdramen der Wanderbühne und die Puppenspiele hervor, die aber vielfach zu eigentlichen Sensations- und Spektakelstücken herabsanken: da tritt mit Feuerwerk die Hölle in Erscheinung, zahllose Teufel treiben ihr Wesen, von Pluto, dem Gott der Unterwelt, regiert und von den Späßen des Pickelhäring begleitet. Berichte und Theaterzettel aus Danzig und Bremen von 1669 und 1688 zeigen, daß dabei vom Sinn faustischen Strebens nichts mehr übriggeblieben ist. Dennoch geht die tiefere Wirkung des Volksbuchs auch in diesem Zeitraum nicht verloren: in den Niederlanden wird von einem der größten Künstler das Wesen des Faust in seinem Erkenntnisstreben erfaßt und anschaulich gemacht: von Rembrandt in seinem Kupferstich von 1652: „Faust erblickt das Zeichen des Makrokosmos“.

Was Marlowe für die Bühnengestalt des Faust bedeutet, das wird damals Rembrandt für die Bildgestalt. Das Volksbuch ist, wie die meisten solcher Bücher im 16. Jahrhundert, ohne Bilder erschienen, die reiche Holzschnittkultur der Inkunabelzeit war längst vorüber. Allein eine kleine Titelvignette, Faust zwischen Teufeln darstellend, ist als Andeutung von Buchschmuck mitgegeben. Der herrschende Protestantismus vertrat die Bilderlosigkeit.

Goethe, der dem Faust dann die letzte dichterische Gestaltung gibt, regt auch wieder seine Verbildlichung im weitesten Sinne an. Was wir in neuerer Zeit von Bildern zu Faust besitzen, wurde tatsächlich nicht nach dem Volksbuch, sondern nach Goethes Drama geschaffen, und zwar nach dem ersten Teil, also hauptsächlich der Gretchen-Tragödie, die Goethes völliges Eigentum ist und der Faustsage nicht angehört. Trotzdem haben diese Illustrationen Epoche gemacht: Faust, in ein gotisches Milieu versetzt, das dem Volksbuch schon kaum mehr entsprach, aber mit der romantischen Kunstentwicklung übereinstimmte. Cornelius, der seine Umrißzeichnungen zum Faust 1816 im Stich herausgab, war hier entscheidend. Ähnliche Berühmtheit hat später Delacroix' Faust-Zyklus erlangt. Der zweite Teil von Goethes Faust, der dagegen nun wesentliche Elemente des Volksbuches aufgreift, wie etwa die Wiederbelebung der Antike vor dem Kaiser und das Leben mit der griechischen Helena, wurde erst nach Goethes Tod und zu einer Zeit bekannt, als die nationale Begeisterung der Romantik vorüber war. Hier hätte die Wendung zur Gnade und Erlösung durch die Madonna die gotische Atmosphäre viel sinnvoller beschwören können, aber eben dieser zweite Teil fand kaum noch Bildner.

Solche Tatsachen machen deutlich, wie zwar das Volksbuch allem den Anlaß gab, aber auf die Goethesche Schöpfung im einzelnen nur noch wenig Einfluß ausgeübt hat. So wandelt sich auch nach Goethe der Begriff des Faustischen überhaupt — „Wer immer strebend sich bemüht, den können wir erlösen" — verharmlost fast das Titanische und Dämonische. Und so kann sich später der allgemeine und umfassende Begriff einer faustischen Kultur bilden, wie ihn etwa Spengler in seinem „Untergang des Abendlandes" anwandte, ersichtlich schon als etwas Selbstverständliches, und kaum je definiert — wenn in der Untergangs-Prophetie nicht etwas vom tragischen Ernst des Volksbuches nachklänge.

*Richard Benz*

# Literatur des 15. und 16. Jahrhunderts

IN RECLAMS UNIVERSAL-BIBLIOTHEK

---

Götz von Berlichingen, *Lebensbeschreibung des Ritters Götz von Berlichingen.* Ins Neuhochdeutsche übertragen von Karl Müller. Nachwort von Hermann Missenharter. 1556

Sebastian Brant, *Das Narrenschiff.* Übertragung von H. A. Junghans, neu herausgegeben von Hans-Joachim Mähl (mit 115 Holzschnitten). 899 [6] (auch geb.)

Erasmus von Rotterdam, *Das Lob der Torheit* (Encomium moriae). Übersetzt und herausgegeben von Anton J. Gail. 1907 [2]
– *Colloquia familiaria / vertraute Gespräche.* Lateinisch und deutsch. Hrsg. von Herbert Rädle. 9822

*Fastnachtsspiele des 15. und 16. Jahrhunderts.* Unter Mitwirkung von Walter Wuttke ausgewählt und herausgegeben von Dieter Wuttke. 9415 [6]

Johann Fischart, *Flöh Hatz, Weiber Tratz.* Herausgegeben von Alois Haas. 1656 [2]
– *Das Glückhafft Schiff von Zürich.* Herausgegeben von Alois Haas. 1951

*Historia von D. Johann Fausten,* dem weitbeschreyten Zauberer und Schwarzkünstler. Mit einem Nachwort herausgegeben von Richard Benz. 1515 [2]

Mathias Holtzwart, *Emblematum Tyrocinia.* Mit einem Vorwort über Ursprung, Gebrauch und Nutz der Emblematen von Johann Fischart und 72 Holzschnitten von Tobias Stimmer. Herausgegeben von Peter von Düffel und Klaus Schmidt. 8555 [3]

Johannes von Tepl, *Der Ackermann aus Böhmen.* Mittelhochdeutscher Text nach Arthur Hübner. Übertragung, Nachwort und Anmerkungen von Felix Genzmer. 7666

*Ein kurtzweilig Lesen von Dil Ulenspiegel.* Nach dem Druck von 1515. Mit 87 Holzschnitten. Herausgegeben von Wolfgang Lindow. 1687 [4]

*Das Lalebuch.* Mit den Abweichungen des Schiltbürgerbuches. Herausgegeben von Stefan Ertz. 6642 [2]

*Lateinische Gedichte deutscher Humanisten.* Lateinisch und deutsch. Hrsg. von Harry C. Schnur. 8739 [7]

Martin Luther, *An den christlichen Adel deutscher Nation.* Von der Freiheit eines Christenmenschen. Sendbrief vom Dolmetschen. Herausgegeben von Ernst Kähler. 1578 [2]

# Philipp Reclam jun. Stuttgart